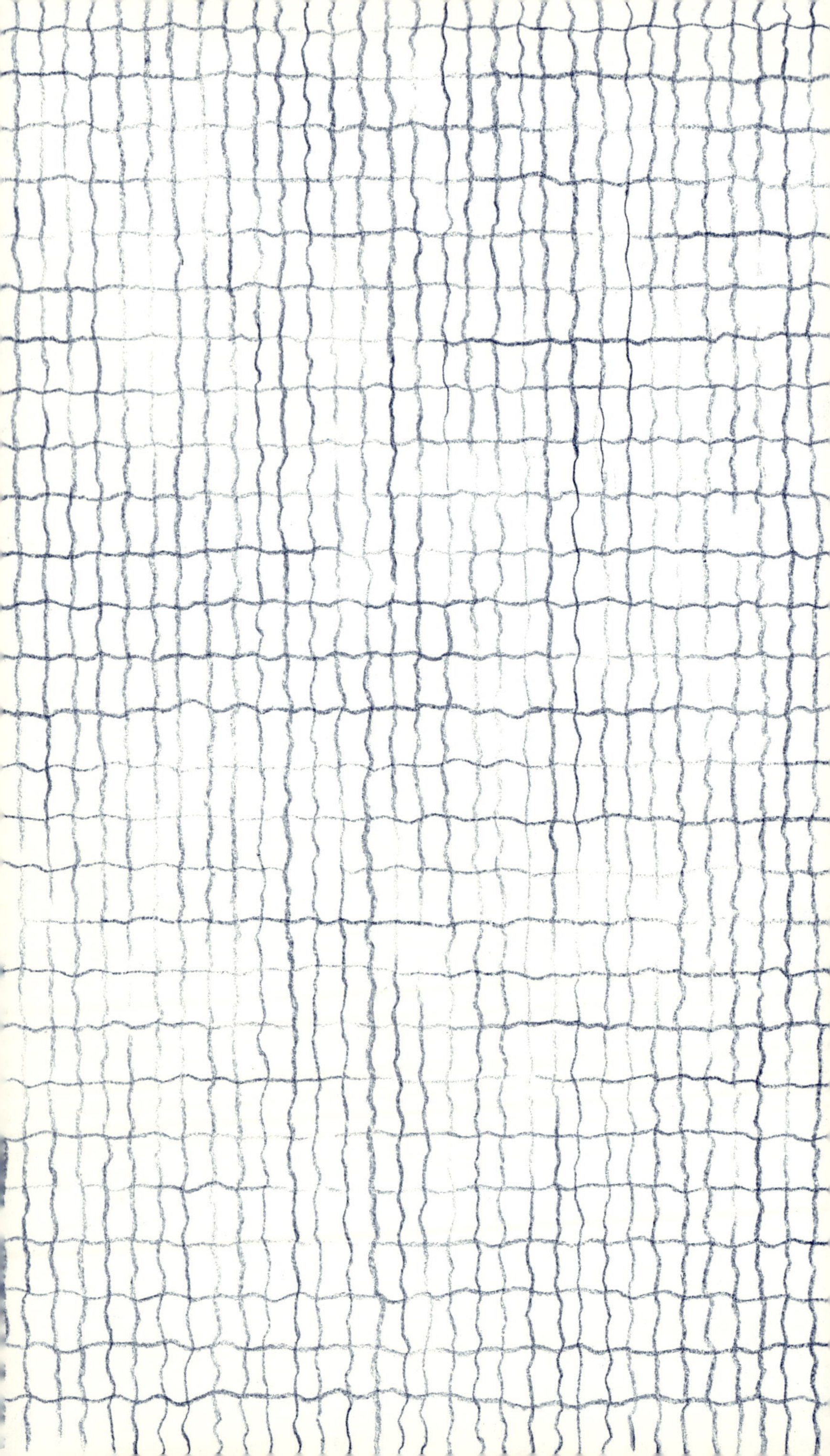

Gideon Samson

Mis trucos para sobrevivir a la clase de natación

Gideon Samson

Mis trucos para sobrevivir a la clase de natación

Con ilustraciones de
Anke Kuhl

Traducción del holandés:
Gonzalo Fernández Gómez

TakaTuka

A mis dos grandes hermanas pequeñas, que supieron esperar durante tanto tiempo y con tanta paciencia su barca hinchable.

Título original: **Met je hoofd boven water**
Primera edición en castellano: octubre de 2016
Texto: Gideon Samson
Ilustraciones y cubierta: Anke Kuhl

Maquetación: Volta Disseny

www.takatuka.cat
Impreso en Novoprint
ISBN: 978-84-16003-62-4
Depósito legal: B 16859-2016

Agradecemos al Nederlands Letterenfonds la ayuda aportada para la traducción al castellano

Nederlands letterenfonds
dutch foundation for literature

FSC www.fsc.org
MIXTO
Papel procedente de fuentes responsables
FSC® C019520

ÍNDICE

Antes de nada... 11

01 Un loro parlanchín 15

02 El señor de las palomas 22

03 Un banco vacío 32

04 Los chinos 39

05 Simpón 46

06 Mi libreta de trucos 56

07 Con la ropa puesta 64

08 Una silla blanca en una sala blanca 73

09 Carta a la reina 84

10 Mina Trespiés 94

11 Big Wave 102

12 Boele de Beer 112

13 Una barca hinchable 118

14 La mujer más guapa del mundo 128

15 La casa más fea del país 134

16 Una enorme sonrisa 143

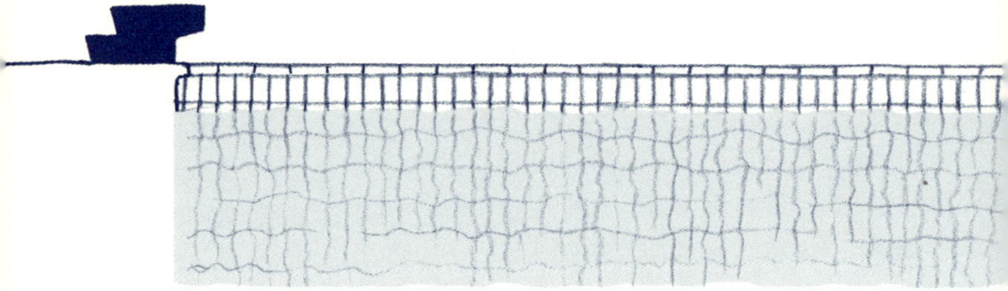

Antes de nada...

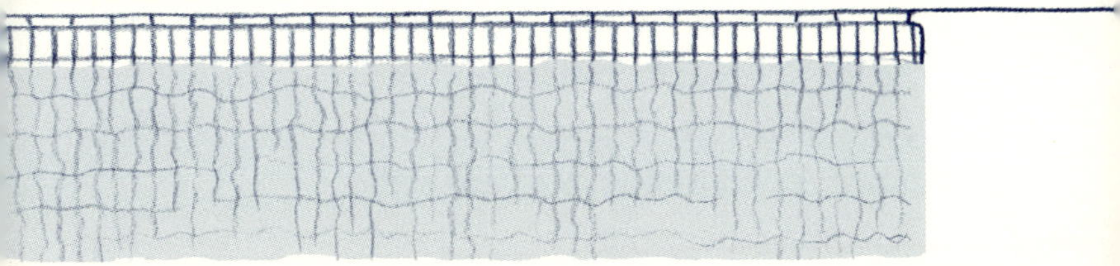

Esta historia empieza a finales del verano de 1994 y el escenario de los hechos es Holanda. «Pues muy bien», dirás tú. O a lo mejor estás pensando: «¿Y a mí qué me importa?». Sin embargo, se trata de dos datos muy importantes, porque sin esa información podría ser que no entendieras nada.

Aquel verano la Tierra era tan redonda como ahora y la cocacola estaba mucho más rica fría, exactamente igual que ahora. Eso no ha cambiado.

Y aquel verano, los holandeses jugaban al *futbolardo* con el mismo entusiasmo que hoy en día. «Espera, espera... ¿qué has dicho? ¿El futbolqué?». Ah, claro, esto tengo que explicarlo. El *futbolardo* es un juego muy popular en los colegios holandeses. Es una especie de fútbol en el que juegan todos contra todos. Cada uno tiene un bolardo y el juego consiste en intentar derribar con el balón el bolardo de los demás al tiempo que defiendes el tuyo. El que más bolardos derriba, gana. En eso, la cosa tampoco ha cambiado.

Pero había otras cosas que eran distintas a finales del verano de 1994. Por ejemplo, nadie estaba localizable a todas horas como ocurre hoy en día, porque los teléfonos móviles todavía no existían. O bueno, sí existían, pero solo tenían uno las personas muy requeteimportantes, como la reina de Holanda. Aunque la reina de Holanda, a decir verdad, nunca estaba localizable para nadie.

A finales de aquel verano la leche semidesnatada caducaba bastante antes de lo que estamos acostumbrados ahora, y para comprar un cartón o una botella, los holandeses tenían que pagar con florines, porque todavía no existía el euro.

¿Y sabes qué otra cosa era también muy distinta? ¡Los ordenadores! A finales del verano de 1994 los ordenadores eran tan lentos que parecía que iban a pedales, aunque tampoco era muy grave, porque internet era muy minoritario y solo tenían acceso a él las personas muy requeteimportantes, como la reina, que, de todas formas, solo enviaba dos o tres correos electrónicos por semana, porque a finales de aquel verano tampoco es que hubiera muchas personas requeteimportantes con una cuenta de correo electrónico.

Seguramente te estarás preguntando: «¿Y qué hacía la gente todo el día sin internet?». Ni idea. Yo tampoco lo sé. Pero es posible que de vez en cuando leyeran un libro, vieran la tele o visitaran a sus amigos. Y también puede ser que anduvieran muy liados bebiendo leche, porque si no se les pasaba de fecha y tenían que tirarla. En cualquier caso, lo más probable es que la mayoría de la gente se trajera algo entre manos, de modo que no veo ningún motivo para preocuparnos por lo que hacían o dejaban de hacer. Además, da exactamente igual lo que hicieran, porque esta historia trata de algo muy distinto; algo que en Holanda es obligatorio para todos los niños: el diploma de natación. Porque en un país con tanta agua por todas partes es imprescindible tener un diploma de natación para participar en muchas actividades. O dicho de otra forma: sin diploma de natación eres un *pringao*.

En 1994, los diplomas de natación obligatorios en Holanda eran el A y el B. Para sacarte el A había que nadar varios largos a braza y varios largos a espalda, una parte en bañador y una parte vestido con una camiseta y un pantalón vaquero cortado a la altura de la rodilla. Y para terminar había que hacer la bicicleta durante un minuto. «¿Hacer la bicicleta? ¿Pero eso no es un regate de fútbol?». Sí, pero en natación, hacer la bicicleta es aguantar en el mismo sitio con la cabeza y las manos fuera del agua, moviendo únicamente las piernas. Y eso era todo. Si superabas esas tres pruebas, te daban el diploma A, el más básico. Para conseguir el B tenías que hacer lo mismo, pero nadando distancias más largas y haciendo la bicicleta durante más tiempo. Y también había que bucear siete metros. Eso era lo más difícil. Luego había otros diplomas de nivel superior que llamaban «licencias», pero no sé qué había que ha-

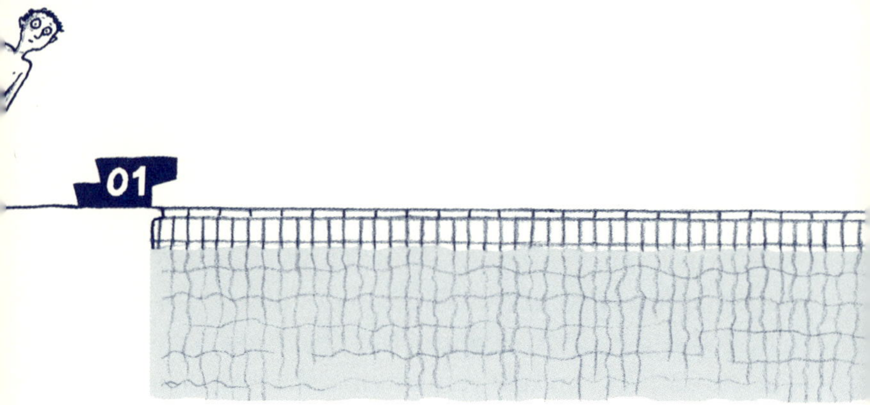

cer para sacárselos, porque yo nunca pasé del B. Si te interesa, puedes buscarlo en internet, que hoy en día va a toda velocidad. Y ya que buscas, mira a ver si la reina de Holanda está conectada.

Y ya está. Eso es todo lo que debes saber sobre cómo eran las cosas en Holanda a finales del verano de 1994. ¡Ahora ya puedes empezar a leer!

El autor

UN LORO PARLANCHÍN

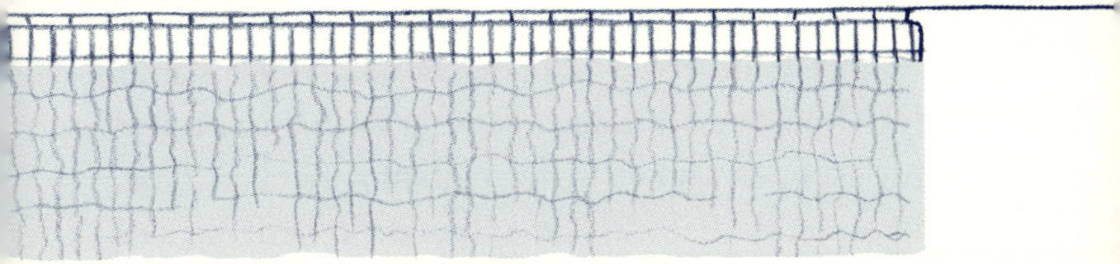

El jueves es el peor día de la semana. Los martes tengo clase de piano después del colegio y si no llevo la lección preparada también lo paso muy mal, pero nada que ver con el jueves. El jueves es tan horrible que el miércoles ya me empieza a doler la tripa.

Ahora todavía estoy de vacaciones de verano, lo cual significa que el jueves es un día libre, tan placentero como todos los demás. Pero ya falta poco para que vuelva a empezar el cole y los jueves sean otra vez un drama.

Mi madre me va a llevar a comprar un bañador nuevo. Ella sabe muy bien lo horribles que son para mí los jueves y, por eso, me ha dicho que puedo elegir el bañador que yo quiera. El precio no importa.

—¿Y por qué esta vez no importa el precio? —le pregunto.

Ella me contesta que debo elegir un bañador con el que me sienta a gusto, porque eso ya sería un buen comienzo. Y, según ella, un buen comienzo es la mitad del camino.

—Yo nunca me siento a gusto en bañador.

—Tú espera y ya verás —replica ella—. Te voy a llevar a un sitio especial.

En vez de coger la bicicleta para ir a los grandes almacenes donde trabaja la hermana de Bart, que están en el centro, nos metemos en el coche. La hermana de Bart se llama Tamara y tiene las tetas muy grandes, pero con Bart es mejor no sacar ese tema porque tampoco es algo que le interese mucho. Además, ahora eso no importa, porque mi madre me lleva en dirección al puerto. Al parecer se ha enterado de que allí venden los bañadores más chulos de la ciudad. Es decir, los más caros.

Aparcamos delante de una tienda con una hilera de tablas de surf apoyadas contra la fachada. De la marquesina cuelgan trajes de neopreno grises y negros.

—Aquí es —anuncia mi madre.

Al bajar del coche le digo que primero vamos a mirar.

—¿Qué quieres decir con eso?

—Pues que no hace falta que llames a un vendedor nada más entrar.

—¿Y por qué no?

—¡Mamá!

No soporto que mi madre se vaya directamente hacia un vendedor en cuanto entramos en una tienda. Nueve de cada diez veces dice cosas tan ridículas que me hace sentir vergüenza.

Mi madre se pone a canturrear y me coge de la mano, pero yo me suelto inmediatamente. Entramos en la tienda.

En la tienda huele a goma y a nuevo. Y también huele un poco a arena, sal y trocitos de concha entre los dedos de los pies. Un chico rubio de tez morena nos observa desde la caja, con los codos apoyados en el mostrador. Tiene el pelo largo y lo lleva sujeto con unas gafas de sol en las que se refleja el techo. Luce lo que mi madre llamaría una barba de tres días, aunque a mí me parece más bien una barba en toda regla. Lleva un pantalón de cuadros que acaba justo debajo de sus rodillas, porque lo lleva colgando a medio culo, pero que en realidad es más corto. Por encima del pantalón se ve una banda ancha de color rosa: la goma de su bóxer. Por lo demás, lleva una camisa gris clara y va descalzo, aunque a su lado hay unas chanclas muy gastadas, listas para ponérselas en cualquier momento. O a lo mejor se las acaba de quitar, quién sabe.

—¿Puedo ayudaros en algo? —nos pregunta.

Mi madre y yo somos los únicos clientes que hay en la tienda, de modo que el vendedor dispone de todo el tiempo del mundo para nosotros. Se trata, además, de un chico que transmite precisamente esa imagen: la de alguien con todo el tiempo del mundo.

Mi madre seguro que está encantada, porque le gusta que la gente disponga de todo el tiempo del mundo para ella. Y hasta tal punto es así, que al instante se olvida de lo que le he dicho hace medio minuto.

—Sí, gracias —contesta—. Este caballero necesita un bañador nuevo.

Se refiere a mí, obviamente. Pero si de verdad me tomara en serio no olvidaría tan fácilmente lo que acaba de acordar conmigo y no andaría por ahí llamándome caballero. Llamar caballero a un señor tal vez quede muy formal y muy educado, pero a) yo soy su hijo, y b) tengo nueve años, de modo que ¿por qué narices me llama caballero? No tiene ningún sentido.

Avergonzado, desvío la mirada hacia la otra punta de la tienda. No es que sea un local muy grande. Intento calcular mentalmente si es más grande que mi clase del colegio. Quizá un poquito. O tal vez sea más pequeño. No sé. De lo que no cabe ninguna duda es de que está mucho más lleno de cosas.

De pronto experimento una extraña sensación en la garganta, porque acabo de ver un loro a escasos metros de nosotros. Está tan pancho en lo alto de una tabla de surf. Y está suelto. Es decir, que no está metido en una jaula. Y los loros sueltos me dan miedo. Mucho miedo.

—Pues habéis venido al mejor sitio —dice el dependiente—, porque aquí tenemos todos los bañadores que queráis y más.

Con el rabillo del ojo veo que mi madre asiente, pero ya no puedo quitarle la mirada de encima al loro, que ahora gira la cabeza varias veces a uno y otro lado. Es muy posible que él también me haya visto. Podría ser que echara a volar y se posara en mi cabeza. O peor aún: podría desgarrarme el cuello con las uñas o sacarme los ojos con el pico. Ese loro me da pánico. Quiero que nos vayamos de esta tienda cuanto antes.

—Veo que ya has localizado a Mister John —dice el dependiente.

Se refiere a mí. Y Mister John es el loro.

—¡Johnny Boy! —llama el vendedor a su mascota—. ¡Aquí!

El loro abre las alas y echa a volar en dirección al mostrador. Sin poder evitarlo, dejo escapar un grito.

—¡Alehop! —sonríe el dependiente—. Tranquilo, no tengas miedo.

Mi madre suelta la risita estrafalaria y aguda que tiene reservada para cuando no sabe qué decir. Entretanto, el loro ya se ha posado en el hombro de su dueño.

—No os preocupéis, no hace nada. ¿Verdad Johnny Boy?

—*¡No hace nada! ¡No hace nada!* —repite el loro.

—¡Uy, pero si habla! —exclama mi madre.

Noto que mi miedo se atempera un poco y desciende desde un punto muy alto de mi garganta hasta algún lugar de mi bajo vientre. Nunca había oído hablar a un loro. Que los loros pueden hablar es algo que ya sabía, por supuesto. Pero jamás me habría imaginado que su voz suena así. ¡Parece una persona!

No creo que Mister John ataque a ningún cliente, porque de lo contrario ya habría venido la policía hace tiempo a cerrar la tienda y yo no estaría aquí con mi madre, sino que habríamos ido en bicicleta al centro a buscar un bañador, tal vez en los grandes almacenes donde trabaja Tamara. Y por eso llego a la conclusión de que puedo confiar en el dependiente y en Mister John. Este loro no hace nada.

—Venid conmigo —dice el vendedor poniéndose las chanclas—. Johnny Boy y yo os vamos a ayudar a elegir el bañador más molón de todos, ¿verdad Johnny?

—*¡Molón, molón!*

Mi madre y yo seguimos al dependiente. Mister John sigue encima de su hombro y ni se inmuta con el movimiento.

—Aquí está la buena mierda —nos anuncia el rubio señalando un perchero lleno de bañadores.

Mister John repite las dos últimas palabras de su dueño sin que nadie se lo pida. A mi madre no creo que le haya hecho mucha gracia, pero no dice nada. El dependiente también hace como si no hubiera ocurrido nada y se pone a buscar entre las perchas.

—Supongo que quieres un *short*...

—¿Un qué? —pregunta mi madre.

—Sí, pero largo —contesto yo asintiendo al dependiente, al tiempo que saca del perchero un bañador demasiado grande y con demasiados floripondios.

—¿Algo así?

Mi madre parece aliviada al ver que a mí tampoco me gusta. Todavía no ha olvidado que puedo elegir el bañador que yo quiera y que, por lo tanto, uno muy grande y con muchos floripondios también estaría entre las posibilidades.

—No —le digo—. Algo que no sea tan llamativo. Y no tan largo.

—Tiene que sentirse a gusto con su elección —explica mi madre.

Ahora podría decir otra vez, sin faltar a la verdad, que yo nunca me siento a gusto en bañador. Pero sería un poco desconsiderado con el chico de la tienda, porque da la casualidad de que él vende bañadores, y a nadie le gusta vender algo que sus clientes detestan. Además, mi madre me ha traído aquí especialmente para comprar un bañador, y el vendedor no puede saber cuál es mi problema, porque no se lo he contado. De hecho, no se lo he contado a nadie. Ni siquiera a Bart.

—¡Ajá! —exclama el dependiente.

A lo mejor se cree que me comprende, pero en realidad no entiende nada.

—Estamos buscando un bañador para las clases de natación del colegio —aclara mi madre.

Johnny Boy vuelve a intervenir en la conversación y su graznido resuena por toda la tienda.

—*¡Clase de natación! ¡Clase de natación! ¡Clase de natación!*

02 EL SEÑOR DE LAS PALOMAS

Todo empezó en quinto, cuando tenía ocho años, que es la edad con la que se entra en quinto en Holanda. Pero no porque los niños sean más listos y vayan más avanzados que en otros sitios, sino porque los cursos están organizados de otra manera. Pero bueno, a lo que iba: todo empezó en quinto. A partir de la segunda semana de curso, todos los jueves teníamos que llevar al colegio la bolsa de natación. Porque todos los jueves, exactamente a las diez horas y ocho minutos de la mañana, un autobús se para delante del colegio con el motor al ralentí. El autobús de natación. Cuando todavía no lleva allí ni dos minutos, la señorita Ineke ya se ha percatado de su presencia y se pone a dar palmas por el patio y a llamarnos con su peculiar canción. Cada semana la misma cantinela.

¡Natación, natación!
¡Ya está aquí el bus de natación!

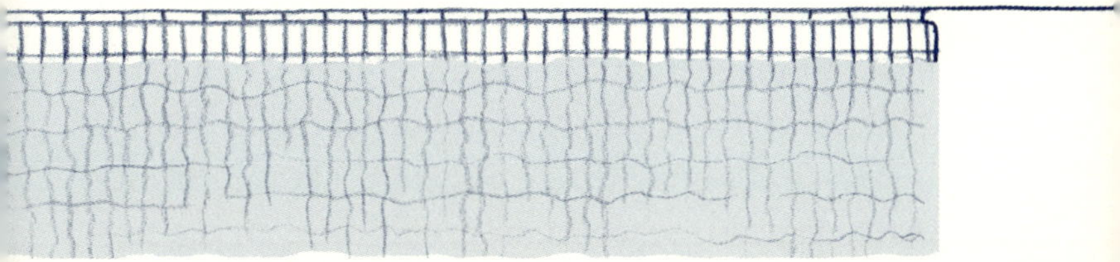

¡Natación, natación!
¡Quinto y sexto a natación!

La señorita Ineke acompaña cada frase con cuatro palmadas y no para de dar voces hasta que todos los alumnos de quinto y sexto se han reunido junto a la señorita Joke, que está en la verja diciéndole a los alumnos que respeten la fila y comprobando que a nadie se le haya olvidado la bolsa de natación.

La fila está siempre encabezada por chicas. Algunas se ponen a hacer cola antes de que Ineke nos empiece a llamar, y las hay que están allí plantadas incluso antes de que llegue el autobús. Después de las chicas viene el grupo más numeroso, del cual formo parte yo, y en último lugar llegan siempre los mismos chicos —porque son siempre chicos—, que han oído perfectamente a la señorita, pero primero tienen que terminar su pachanga de fútbol o su partida de canicas, porque saben que el autobús, de todas formas, nunca se va antes de las diez y cuarto. Estos últimos son los que siempre se sientan en la parte de atrás.

En realidad, yo soy uno de esos chicos, pero los jueves siempre se me pone un dolor de tripa horrible y no juego a las canicas, ni al fútbol, ni a nada. Y tampoco me siento al fondo del autobús.

Desde el primer día de natación —la segunda semana de curso— tengo mi propio sitio en el autobús. Algo que para mí es muy importante. Quinta fila empezando desde atrás, lado izquierdo, asiento de la ventana. Ahí es donde siempre me siento.

Detrás de mí ya solo se sientan los revoltosos. Desde que salimos del colegio y hasta que llegamos a la piscina no paran de cantar las canciones que propone Job, que es quien maneja el cotarro. Job está en sexto pero le saca una cabeza a la mitad de los chicos de octavo. Lleva un pendiente dorado y siempre tiene la voz ronca. Mi madre dice que Job es un caso clínico y que debería ir a ver a un logopeda. Yo eso no lo sé, pero lo que es cierto es que en cuanto el autobús sale del colegio y dobla la esquina, Job se pone a cantar, aunque sin dar palmas como la señorita Ineke. Y sus canciones nunca tienen nada que ver con la clase de natación. En realidad, más que cantar, lo que hace Job es gritar, pero Ineke y Joke ni se enteran, porque ellas van delante con las chicas hablando de pegatinas de tela y de caballos. O, al menos, eso es lo que yo imagino.

Job se sabe muchas canciones, sobre todo canciones guarras. A veces se pasa todo el camino con lo de los mosquitos que pican pican en el cu... ando yo era pequeñito. Pero la mayoría de las veces canta otras cosas. Por ejemplo, lo de la mosca mosquetera que se caga en la carretera y vienen los bomberos a tirarse cuatro pedos. O una que dice que las chicas no tienen pilila. Aunque la canción favorita de Job, con diferencia, es la de *Vamos a contar mentiras*, porque le da juego para inventarse muchas cosas. Él berrea una estrofa y los demás la repiten como loros.

Yo nunca canto. Tampoco me siento obligado, porque mi asiento está justo en la frontera entre lo que se considera la parte de atrás y el resto del autobús. Job se sienta en el centro de la última fila, la única que tiene cinco asientos seguidos, y todos los chicos que van detrás de mí miran todo el rato hacia atrás (hacia Job) y no hacia mí. Mi sitio es perfecto para pasar desapercibido, y ese es el principal motivo por el que siempre me siento ahí.

Pero hay otro motivo: una superstición. Mi madre dice que nosotros no somos supersticiosos, pero está muy equivocada, porque yo sí lo soy. Si no me sentara en mi sitio —quinta fila empezando desde atrás, lado izquierdo, asiento de la ventana—, estoy seguro de que me ahogaría en la clase de natación. Hasta ahora nadie se ha sentado nunca en mi sitio y aquí sigo, vivito y coleando. Así que llámalo como quieras, pero el caso es que funciona.

Y todavía hay un tercer motivo por el que siempre me siento ahí: el señor de las palomas. Un minuto después de girar a la derecha en el segundo semáforo, el autobús pasa por una plaza que queda a mano izquierda. En esa plaza hay un pequeño estanque con un banco al lado. Todos los jueves, cuando el autobús de natación pasa por allí, hay un señor sentado en ese banco. Un señor mayor con una bolsa de pan a su lado y más de cien palomas a su alrededor. Hay palomas en el banco, en el suelo, en las piernas del señor, subidas a sus hombros... Mi sitio en el autobús —quinta fila empezando desde atrás, lado izquierdo, asiento de la ventana— no solo es el mejor para ver la plaza, sino que también es desde donde se ve durante más tiempo. Si el señor de las palomas está allí, mi clase de natación transcurre sin ningún incidente. Entonces tengo la certeza de que no me entrará cloro en los ojos, que aguantaré siete metros buceando y que no lloraré en ningún momento. Porque el señor de las palomas es mi salvador. Mi protector. Él no lo sabe, pero si no está en el banco cuando pasamos por la plaza, me empiezan a temblar las rodillas y no soy capaz de enfrentarme a la piscina.

Cuando el autobús gira a la derecha, después del segundo semáforo, ya estoy pensando en el señor de las palomas. No, mentira. Antes. Cuando el autobús sale del colegio. Incluso antes. Cuando me siento en el autobús (quinta fila empezando desde atrás, lado izquierdo, asiento de la ventana). No, antes, antes. Cuando me pongo a la cola para subir al autobús, mientras la señorita Joke intenta organizar la fila. ¡Antes! Cuando Ineke empieza a dar palmas y a llamarnos con su canción. No, cuando llega el autobús de natación. En la bicicleta, cuando voy al colegio por la mañana con mi madre. ¡Cuando estoy desayunando! ¿Cuando me despierto?

No, no es cierto. Pienso en él mucho antes. Y mucho después. En realidad, nunca dejo de pensar en él. El señor de las palomas está siempre en algún rincón de mi cabeza. No solo cuando pasamos por delante de la plaza con las canciones de Job y sus secuaces como música de fondo, o cuando me pongo el bañador antes de la clase de natación, sino también cuando me toca hacer una exposición oral en clase, durante la clase de piano de los martes, cuando me pongo malo o cuando tengo que ir al dentista. El señor de las palomas siempre está ahí cuando lo necesito. Y no hace falta que diga nada ni que haga nada. Basta con que esté en el banco de la plaza con una bolsa llena de pan. Mientras él esté ahí, todo irá bien. En mi cabeza, el señor de las palomas siempre está en su banco. ¿Que le entra hambre? Pues come un poco del pan de las palomas. ¿Que le entra sed? Ahí está el agua del estanque. Nunca se mueve de allí. Hasta duerme en el banco, estoy seguro. Y cuando hace frío, las palomas se acurrucan en torno a él y le dan más calorcito que un edredón de plumas.

Algunos jueves, cuando el autobús pasa por la plaza, el banco está vacío. Entonces, yo intento convencerme de que el señor de las palomas está entre los arbustos haciendo pis. O lo otro. Pero en el banco no hay palomas esperando y no es fácil engañarse a uno mismo.

Cuando el banco está vacío me empiezan a sudar las manos. No está el señor. No hay pan. No hay palomas. En ese momento estoy seguro de que en clase de natación todo me va a salir al revés. Me voy a hundir hasta el fondo nada más tirarme al agua, o el monitor se va a enfadar conmigo porque lo hago todo mal y me va a decir que hacer la bicicleta es la cosa más fácil del mundo, que bucear siete metros lo hace cualquiera y que llorando no voy a solucionar nada.

«¿Quieres hacerte un hombre, sí o no?».

Mis lágrimas de cloro caerán sobre las baldosas encharcadas y resbaladizas de la piscina y el monitor sacudirá la cabeza decepcionado. Seré el mayor *pringao* del mundo, el renacuajo más patético que jamás ha pisado una piscina. Todos verán que soy un gallina, un llorica y un inútil. Si el banco está vacío, la clase de natación será una catástrofe. No falla. Sin el señor de las palomas no soy nadie.

Mister John ya se ha vuelto a callar. El vendedor asiente con un leve movimiento de cabeza. «Las clases de natación del colegio», veo que piensa. «¿Qué era eso?» Él seguro que ha nacido en el agua. A los seis años ya tenía todos los diplomas y todas las licencias de natación habidas y por haber, y si hace falta saca del fondo de la piscina un maniquí de plomo sin ningún problema. Y, por supuesto, es capaz de pasar por un aro debajo del agua. Por dos aros. Este tío nada igual de rápido con ropa que en bañador. Y cuando se tira del trampolín más alto hace siempre un doble flic-flac, sea lo que sea eso. Nunca tuvo que aprender a nadar con aletas, porque cuando se las puso por primera vez ya sabía nadar con ellas. Y para él, un esnórquel no merece ese nombre si no va unido a dos bombonas de oxígeno del tamaño de un extintor.

—¿Se te da bien la natación? —me pregunta.

—Odio nadar —contesto.

—Odia nadar —dice mi madre.

Mister John vuelve la cabeza hacia otro lado. Está celoso porque alguien le ha robado el papel de loro.

El dependiente se rasca el culo en la parte visible de su bóxer rosa y se saca una chancleta de una patada.

—¿Sabes? A lo mejor tengo algo para ti —dice alejándose del perchero de los bañadores con un pie descalzo y el otro con chancleta.

Mister John, entretanto, se ha subido al perchero y no tiene intención de moverse de ahí. El vendedor se pone a revolver entre los chalecos salvavidas.

—Mira lo que tenemos aquí —anuncia volviéndose hacia nosotros con un bañador rojo chillón en la mano—. Este es perfecto. Y justo de tu talla. Rápido, deportivo y molón a más no poder. Modelo *Los vigilantes de la playa*.

Me meto en un probador con una cortina muy gorda y me pongo el bañador encima de los calzoncillos, porque así es como hay que probarse los bañadores.

Me queda bien y la verdad es que me gusta bastante. A mi madre también, pero, por si acaso, le pregunta al vendedor si no le parece un modelo un poco pasado de moda. El dependiente contesta que nada de eso, que ese bañador tiene un estilo atemporal. Mi madre pregunta entonces que cuánto cuesta, y el precio no le parece muy atemporal.

—Bastante caro —murmura, pero yo le doy un leve golpe con el codo

El dependiente nos asegura que la calidad justifica el precio y Mister John también, lo cual nos hace reír a los tres.

Finalmente compramos el bañador y ya en el coche, de vuelta a casa, le doy enfáticamente las gracias a mi madre y le digo que estoy muy contento con mi nuevo bañador, lo cual no es verdad; pero soy consciente de que acaba de gastarse mucho dinero y yo sé que para ella es muy importante que sepa agradecer los regalos. Aparte de que, como es natural, se llevará una alegría al verme contento.

—Eso está muy bien.

—Sí —suspiro yo.

De pronto se pone a canturrear y vuelve a repetir eso de que un buen comienzo es la mitad del camino. Al cabo de un rato de silencio me pregunta si ya me ha dicho lo mucho que me quiere. Y sí, ya me lo ha dicho mil veces, pero yo contesto que no.

—Pues te quiero mucho. Así —dice abriendo los brazos todo lo que puede.

Enseguida vuelve a agarrar el volante, porque conducir sin manos es muy peligroso. Para mí es una gran satisfacción saber que mi madre me quiere tanto. Porque mi madre es una mujer rebosante de amor y, si no es a mí, ¿a quién va a darle todo ese cariño?

Dentro de tres días acaban las vacaciones de verano y empiezo sexto. Me espera un año entero de clases de natación con mi bañador rojo, modelo *Los vigilantes de la playa*. Antes de que me quiera dar cuenta, el jueves volverá a ser el peor día de la semana.

Mi madre se ha vuelto a poner a canturrear y veo cómo se salta un semáforo justo en el momento en que pasa de naranja a rojo. Ya me duele otra vez la tripa.

UN BANCO VACÍO

Mi rebanada de pan está fría. Es más, todavía está un poco congelada, porque ayer mi madre se olvidó de sacar el pan de molde del congelador. Me he untado crema de cacahuete y encima de la crema he añadido miel. Mi madre casi nunca me deja untarme dos cosas en una sola rebanada, pero hoy ni siquiera le he pedido permiso y no me ha regañado ni ha dicho nada, porque ella también sabe qué día de la semana es.

—No te olvides la bolsa de natación —me dice—. ¿Has metido el bañador nuevo?

Pero que no piense que de repente me gustan las clases de natación solo porque ahora tengo un bañador rojo modelo *Los vigilantes de la playa*. La natación sigue sin ser lo mío y un bañador nuevo no será suficiente para que me den el diploma. Todavía tengo que hacer las pruebas para sacarme el B, exactamente igual que el año pasado.

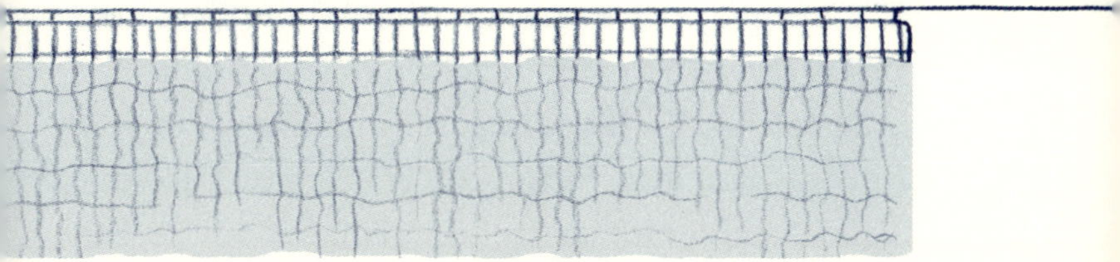

Se me ha caído un poco de miel en el pantalón y me ha dejado una mancha pegajosa. Intento limpiarla, pero lo único que consigo es pringarme más todavía. Hoy va a ser un mal día. Estoy seguro. Ya solo me falta que alguien de quinto me quite mi sitio en la quinta fila empezando desde atrás, mi asiento de la ventana en el lado izquierdo del autobús. Porque eso sí que sería una desgracia. ¿Y si encima el señor de las palomas no estuviera en la plaza? No quiero ni pensarlo. Si el banco está vacío, hoy me hundo irremediablemente hasta el fondo de la piscina.

En el autobús, las canciones suenan más guarras que nunca. Job repite sexto este año, así que ha tenido el verano entero para recapacitar sobre los errores cometidos el curso pasado y para aprender nuevas canciones. Yo diría que ahora grita más que antes. Bart se ha puesto a mi lado, como otras veces, y va de rodillas sobre el asiento, igual que siempre, vuelto hacia atrás, hacia Job y su banda de folloneros. Él nunca canta, pero se ríe mucho con las canciones. Las profes, Ineke y Joke, no prestan ninguna atención a lo que ocurre al fondo. Van delante charlando con las chicas. Es como si nada hubiera cambiado.

Sí, bueno, los de quinto son nuevos y van a su primera clase de natación con el colegio. Y los que el año pasado estaban en sexto son los que juegan ahora con Mark, otro profe, al *futbolardo*. Pero yo estoy en mi sitio de siempre —quinta fila empezando desde atrás, lado izquierdo, asiento de la ventana— y sigo teniendo exactamente el mismo número de diplomas de natación que el año pasado.

Voy mirando por la ventana. Ya casi hemos llegado al segundo semáforo. Después giramos a la derecha. Enseguida vamos a pasar por delante de la plaza del señor de las palomas. Últimamente no he pensado mucho en él, porque durante las vacaciones de verano no lo necesito tanto. ¿Se podría considerar eso una descortesía por mi parte? No, claro que no. Mi protector ni siquiera sabe lo que hace por mí. ¿Cómo va a ser entonces una descortesía no pensar en él?

El semáforo acaba de ponerse verde. Ahora que vamos despacio, Job nos va a contar mentiras tralará. El autobús gira a la derecha. Noto que mi corazón se acelera.

El señor de las palomas tiene que estar en la plaza. De lo contrario, la clase de natación va a ser un desastre. No, el curso de natación entero será un desastre. Si el señor de las palomas no está en su banco, este año volveré a suspender las pruebas del diploma B y el año que viene tendré que repetir las clases de natación. Me harán repetir hasta que me saque ese maldito diploma. Si es necesario, me seguirán mandando a clases de natación aunque ya esté en octavo. Y si hoy el banco está vacío, será necesario.

Nos acercamos a la plaza. Tengo las manos sudorosas. Ya veo el agua.

Y ahora veo el banco.

Siento como si alguien cerrara un grifo en mi cabeza. ¿Cómo es posible? ¡Hoy es la primera clase de natación del año! Esto es como una pesadilla en la que un monitor de natación malvado te obliga a saltar de cabeza a una piscina vacía. Pero el banco está vacío, y no estoy soñando.

El autobús se aleja de la plaza. ¿Dónde estará mi protector? No tengo ni idea, y a las palomas no puedo preguntárselo. Solo sé una cosa: este va a ser el peor año de mi vida.

—¿Bañador nuevo? —me pregunta Bart.

De pronto vuelvo al planeta Tierra y me miro el bañador como si para mí también fuera una sorpresa.

—Sí —contesto asintiendo con la cabeza.

—Mola.

¿Lo dice de verdad? No sé, pero me da igual. Un bañador es una prenda sin ningún interés. Nadie se fija en el bañador de los demás. Ahora podría decirle a Bart que mi nuevo bañador es muy caro, que tiene un estilo atemporal y que es un modelo *Los vigilantes de la playa*. Pero ¿a quién le importa todo eso?

—¿Sabías que los loros hablan de verdad? —le pregunto.

—Sí, ya lo sabía —contesta Bart—. En la fiesta de Thomas actuó un payaso con un loro que hablaba. ¿No te acuerdas?

Le recuerdo que aquel día yo estaba enfermo. Antes del payaso y el loro iban a ir todos juntos a nadar. Al menos, eso es lo que yo creía, porque en la invitación ponía: *Trae toalla y bañador*. Por eso, mi madre llamó para decir que estaba malo. Pero luego resultó que el bañador no era para nadar, sino para hacer una guerra de globos de agua en el jardín que al final, encima, hubo que suspender porque se puso a llover. Aunque yo de todo eso no me enteré hasta que me lo contaron el lunes en el colegio, cuando se suponía que ya me había puesto bueno otra vez. Pero se me había olvidado lo del payaso y el loro.

Bart es mi mejor amigo, y a un mejor amigo se le cuenta todo. O casi todo. Bart sabe que nadar no es lo mío, pero nunca le he hablado de mi fobia a las clases de natación ni del señor de las palomas. Prefiero que no lo sepa.

—¿Todavía no te has sacado el B? —me preguntó Bart a finales del curso pasado. A él lo pusieron desde el principio con Deivid, el monitor de los que ya saben hacerlo todo, el grupo que casi todas las semanas tiene permiso para tirarse del trampolín haciendo una pirueta lo más difícil posible. A Bart le da rabia que solo los dejen tirarse desde el trampolín más bajo. Para el alto no hay suficiente espacio en la piscina. En los días especiales, como por ejemplo antes de unas vacaciones, nos suelen dejar libre el último cuarto de hora. Entonces sí se puede saltar desde el trampolín alto y Bart me enseña su doble salto con tirabuzón, aunque yo no sé qué es un tirabuzón, pero así es como se llama y Bart sabe hacerlo. Job sabe hacer el salto mortal, que es aún más difícil que el tirabuzón, pero es que Job es una especie de dios de la natación.

—No —tuve que contestarle a Bart—. Todavía no tengo el B.

—¡Qué rabia!

—Ya...

Estábamos delante de su casa jugando al fútbol-rueda. Cada uno elige una llanta de un coche, y para conseguir un punto tienes que dar con el balón en la llanta de tu contrincante. Es una variante del *futbolardo* que nos hemos inventado. La única diferencia es que la rueda de un coche no la puedes derribar.

—La natación no es lo mío —me justifiqué.

Bart asintió mientras intentaba hacerme un regate y aproveché para quitarle el balón.

—Espero que no te importe —dijo Bart—, pero en mi fiesta vamos a ir a...

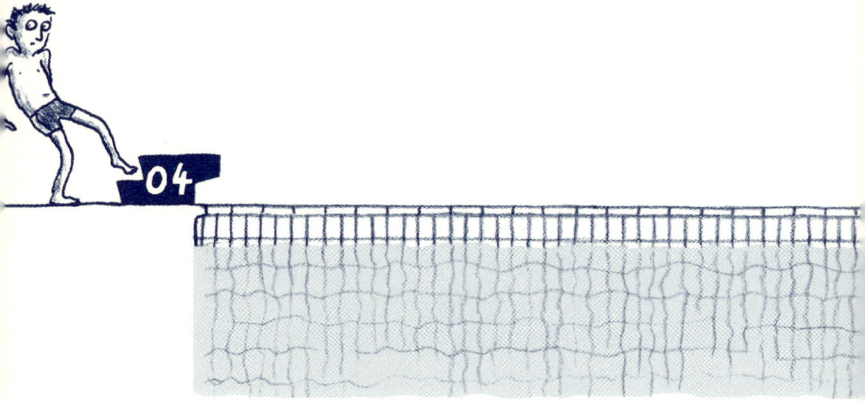

Eché mi cuerpo hacia delante. Mi llanta estaba peligrosamente cerca. Pisé el balón.

—... Waterworld.

¡Bum! 1-0 para Bart. Le bastó una rápida patada para sacarme el balón de debajo del pie y darle a mi llanta. Me quedé pensando en lo que acababa de decir. Cuando me invitan a una fiesta en un parque acuático siempre pongo una excusa para no ir. Pero a la fiesta de Bart no podía faltar. Él es mi mejor amigo.

LOS CHINOS

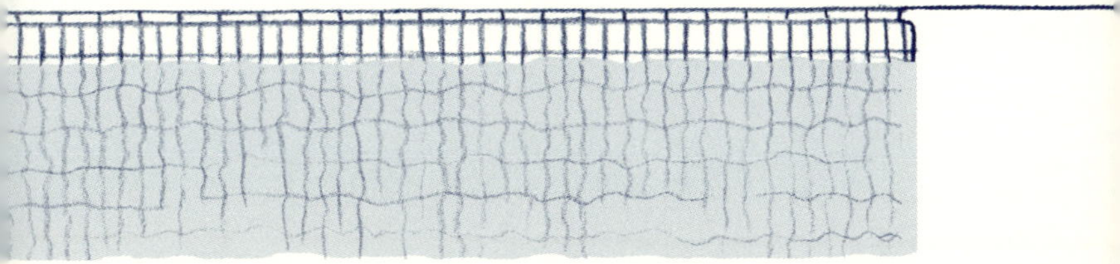

Salimos todos juntos del vestuario y nos vamos hacia la piscina grande. Por suerte, nadie se fija en mi bañador. Job le pregunta a Ying Kwan que adónde va con una bolsa de plástico.

—¿Llevas ahí tus manguitos o qué?

Todos se ríen. Ying Kwan no se digna ni a contestar.

Durante la primera clase del año es cuando se forman los grupos. Así fue el curso pasado y así supongo que será este. El coordinador —que nunca consigo acordarme cómo se llama— toca el silbato y nos reúne a todos entre la piscina infantil y la piscina grande, más que nada porque es el único sitio del complejo donde cabemos los más de cincuenta alumnos y el grupo de monitores.

—Bienvenidos —dijo el coordinador hace exactamente un año.

A continuación nos preguntó si teníamos ganas de empezar y todo el mundo empezó a gritar entusiasmado. El eco de los gritos resonó en la piscina durante varios segundos. Los monitores y monitoras nos observaban con una sonrisa de satisfacción.

—No os he oído bien —insistió el coordinador—. Os he preguntado que si tenéis ganas de empezar.

—¡¡¡Síii!!! —gritaron todos más fuerte y con sonrisas más radiantes.

—Así me gusta —dijo el coordinador satisfecho—. De eso se trata.

Los demás monitores dieron un paso al frente.

—¿Quién tiene ya todos los diplomas y licencias? —preguntó el coordinador.

—¡Yo! —contestaron al unísono un montón de chicos y chicas.

El monitor jefe les pidió que levantaran la mano. Algunos tenían ya la licencia C o D, y había unos cuantos, entre los que estaban Bart y Job, que ya tenían hasta la licencia E, la más alta de todas. Para que te den esa licencia tienes que ser poco menos que un pez. A los que tienen la licencia E ya no les queda nada que aprender, excepto bucear con esnórquel en el fondo de la piscina y perfeccionar sus saltos de trampolín. Si se rompieran los diques que protegen Holanda y el país se inundara, tendrían que ser ellos quienes salvaran a la gente.

—Vosotros sois los mejores nadadores —dijo el coordinador— y estáis en el grupo de Deivid, nuestro mejor monitor.

Eso de que pongan al mejor monitor con los mejores nadadores es algo sobre lo que he pensado mucho y todavía no lo entiendo. ¿Para qué quieren ellos al mejor monitor, si ya no tienen nada que aprender? ¿No sería más práctico que el mejor monitor enseñara a los peores nadadores para que así aprendieran más rápido? Porque a fin de cuentas, de eso es de lo que se trata, ¿no? Pero nada, Deivid se queda con los mejores nadadores.

El mejor monitor está moreno todo el año, ya sea del sol, del salón de bronceado o de una crema, porque me he enterado por mi madre que hay cremas para eso. Deivid es rubio, tiene el pelo cortado a cepillo y siempre lleva gafas de sol, aunque no sé qué utilidad pueden tener en una piscina cubierta. Supongo que de tanto tomar el sol se le ha olvidado que las lleva puestas, y por eso no se las quita nunca. Por lo demás, viste un polo azul claro con el logotipo de la piscina, unas bermudas blancas y unas chancletas rojas, igual que todos los monitores y monitoras de natación, aunque me imagino que las monitoras llevarán un traje de baño o un bikini debajo del polo y de las bermudas. Todos los monitores llevan, además, un silbato colgado del cuello y un reloj digital de pulsera con mil botones y mil funcionalidades. Cuando sea mayor, yo también quiero un reloj como esos. La mayoría de los monitores se pasan la clase entera mirando su reloj, pero no creo que lo hagan por saber qué hora es, porque en medio de la piscina hay un reloj enorme que se ve desde todas partes. Para mí que miran su reloj todo el rato para ver si de verdad es resistente al agua, lo cual me parece muy lógico. Yo también lo haría, porque con un reloj tan especial hay que tener mucho cuidado.

Deivid se llevó a los mejores nadadores a una esquina de la piscina grande a hacer cosas de esas que solo están al alcance de los elegidos. Así empezó la formación de los grupos. El coordinador pidió a continuación que levantaran la mano los que ya tuvieran la licencia D. Ocho dedos al aire. Ese grupo se lo asignaron a Anita, una monitora que está gorda como un tonel. Su polo es tan grande que dentro de él cabrían tres alumnos, pero para el barrigón de Anita es demasiado pequeño. Le queda tan apretado que se le marcan todos los michelines. Es como un balón de fútbol envuelto para regalo: antes de abrirlo ya sabes lo que hay dentro. Con la diferencia de que un balón de fútbol mola mazo, y la barriga de Anita da un poco de grima.

Los que tenían la licencia C se fueron con Calvineitor, que en realidad se llama Calvin, pero él mismo se puso ese mote porque va rapado al cero. A todo el mundo le hizo mucha gracia. Cuando Calvineitor se tira al agua, su cabeza brilla como una bola de billar.

Con Birgit se quedaron los que solo tenían la licencia A o B. Birgit es una monitora muy flaca y con voz de pito. Su voz se oye siempre por toda la piscina, da igual en qué grupo estés. Birgit tiene una forma de hablar que parece que está todo el rato cantando ópera.

Después se formó un grupo con los que no tenían ninguna licencia pero sí los diplomas A y B, que se fueron con Frank (a quien todos llaman el Enano a sus espaldas). Entonces me puse a contar cuántos quedábamos: nueve en total. De esos nueve, tres eran los chinos: Ying Kwan Wong, Waiwai Ong y Arnold, que no sé cómo se apellida porque está un curso por encima de mí.

Los chinos no saben nadar. Al menos, los chinos de mi colegio. Porque ya sé que en los Juegos Olímpicos hay un montón de chinos que nadan como anguilas. Pero en los Juegos Olímpicos hay chinos que destacan en todos los deportes. De hecho, los chinos son junto con los norteamericanos los que más medallas ganan. No falla. Un día le pregunté a mi madre que por qué ganaban siempre.

—Los norteamericanos no saben lo que es perder —me contestó ella.

—¿Y los chinos?

—Pues los chinos es que son muchos.

Y es verdad. Lo he buscado, y en China viven más de mil millones de personas. Si hicieras una sopa enorme con todos los habitantes del mundo y removieras bien la cazuela, te bastaría con sacar cinco fideos y ya habría un chino en tu cuchara. El primer holandés, sin embargo, no aparecería hasta que sacaras más de cuatrocientos fideos. Y claro, con tantos chinos en la sopa, siempre hay alguno al que se le da bien algún deporte. Por eso ganan tantas medallas. Y a pesar de ello, en mi colegio da la casualidad de que solo hay tres chinos y ninguno sabe nadar. Mi madre dice que es una cuestión cultural. Yo no sé lo que será, pero para mí es una suerte.

Porque si no fuera por Ying Kwan, Waiwai y Arnold, mi grupo del año pasado habría sido el peor de todos. Pero nuestros compañeros chinos tenían, entre los tres, un total de cero diplomas de natación, por lo que tuvieron que irse con el coordinador a la piscina infantil para aprender a flotar, que es lo primero que tienes que hacer antes de pensar en cosas más difíciles, como nadar a braza. Yo me pasé el curso entero sin ser capaz de sacarme el diploma B. En ese mismo periodo de tiempo, Ying Kwan, Waiwai y Arnold aprendieron cómo es eso de flotar en el agua. Por flotar en el agua no te dan nada, pero una vez que sabes flotar, el paso hasta el diploma A no es demasiado grande. O sea, que este año tendré que ponerme las pilas si no quiero quedarme atrás, porque los chinos no tardarán en pasar a la piscina grande para unirse a mi grupo.

Si no espabilo para sacarme el B, todo el mundo me meterá en el mismo saco que a Ying Kwan y Waiwai. El club de los *pringaos*, los gallinas, los lloricas y los inútiles. Por Arnold ya no tengo que preocuparme, porque ahora está en séptimo y ya no va a las clases de natación del colegio, pero Ying Kwan y Waiwai se acercan a mí peligrosamente.

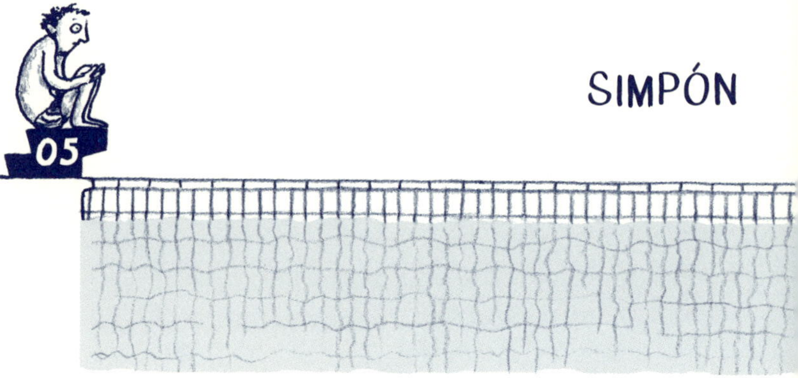

SIMPÓN

Lo que está claro es que este año mi grupo será distinto. Anne, por ejemplo, se sacó el B al final de curso pasado y Jasper incluso unos meses antes. Ígor se ha ido del colegio. Y Guus ya no tiene que ir a natación porque lo dice su médico, que obviamente sabe de lo que habla.

Ojalá yo tuviera un médico así, un médico que me diagnosticara alergia al agua. ¿Existirá la alergia al agua? Sería genial. Solo beberías cocacola y leche, y no podrías comer pepino, porque los pepinos son casi todo agua. Eso sí, lavarse sería un problema. No creo que exista...

El que seguro que sigue este año en mi grupo es Simón. Simón es un bicho raro y todo el mundo lo sabe. En realidad es demasiado mayor para estar en sexto porque, si te fijas bien, ya tiene pelusilla en el bigote y hasta le sale un poquito de barba. El caso es que Simón es mucho más mayor que

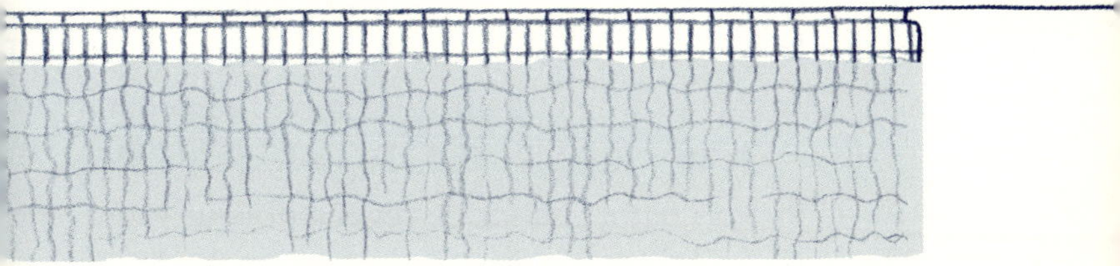

los demás compañeros de clase y por eso es raro. Simón quiere que todo el mundo lo llame Simpón y, para dar ejemplo, así es como se llama él a sí mismo. Las frases de Simón no suelen tener más de tres o cuatro palabras y casi siempre empiezan con «Simpón».

Por ejemplo, una de sus frases es: «Simpón se parte de risa», y a continuación se ríe de una forma tan exagerada que te riega la cara de perdigonazos. «Simpón está ocupado» significa que no hay que molestarlo; y cuando dice «Simpón está enfadado», más te vale que salgas corriendo. Ya ha habido dos ocasiones en que Simón sufrió un ataque de furia y se puso a lanzar sillas y mesas por toda la clase; y una vez, en el recreo largo, se enzarzó con Job en una pelea y le dejó la nariz sangrando. Después, Job fue por ahí diciendo que la nariz no le sangraba por la pelea con Simón, sino por el calor (el exceso de calor también puede provocarte una hemorragia en la nariz). Nadie le creyó.

Pero la situación que más se repite es «Simpón está llorando». Aunque eso no lo dice, sino que lo hace directamente. Simón es un llorica de primera categoría, y como todo el mundo lo sabe, nadie le hace ni caso, ni siquiera la profe. Simón llora cuando no le sale una suma, cuando la profesora le dice que hable más bajo, cuando le regaña porque no se pone a hacer la tarea y cuando apagamos las luces para la fiesta de Navidad.

Pero donde más llora Simón es en el patio del colegio. Llora cuando no le dejan jugar un partido de fútbol, cuando alguien le dice que devuelva las canicas que ha sacado del gua, cuando se mete él solo debajo del tobogán para hacer como que se ha escondido, y cuando llega el otoño y se caen las hojas de los árboles.

Y si alguien le pregunta que por qué llora, la respuesta es siempre la misma. Tres palabras: «Simpón está triste».

Simón nunca viene con nosotros en el autobús de natación, porque tiene fobia a los autobuses. No es broma, es un trastorno que existe de verdad, una especie de claustrofobia, y Simón lo tiene. En los autobuses le entran ataques de pánico y se pone a gritar de tal forma que saca de sus casillas a cualquier chófer. Bueno, y a cualquier pasajero. Los berridos de Simón suenan diez veces más alto que las canciones de Job y cien veces más que el rumor de las conversaciones del autobús. Y con un chófer atacado de los nervios, nuestro autobús acabaría tarde o temprano en una acequia, estampado contra una farola o, si fuéramos por la montaña, en el fondo de un barranco. Aunque lo cierto es que en Holanda no hay ni una sola montaña (por eso se llama también Países Bajos), pero, de todas formas, lo mejor para todos es que Simón vaya a la clase de natación en el coche de su madre. Y eso es lo que hace todos los jueves. Su madre se queda toda la clase mirando a su hijo desde detrás del cristal, porque luego lo tiene que llevar otra vez al colegio. Simón lo sabe, y por eso se pasa todo el rato mirando hacia el cristal. Su madre le muestra de vez en cuando los pulgares levantados hacia arriba y Simón se muere de risa cada vez que lo hace.

Mi madre dice que la madre de Simón es una señora muy puntual, porque cuando el autobús llega a la piscina ella ya lleva allí un rato y su hijo ya se ha cambiado. Mientras los demás todavía estamos en el vestuario, Simón nos espera fuera con su bañador amarillo al lado del coordinador. Pero Job asegura que eso no tiene nada que ver con la madre de Simón, sino con la *pichafobia* de Simón. Eso también existe de verdad, al menos, eso dice Job. Según él, a Simón se le pone la picha dura cuando ve a los demás con la picha al aire. En eso consiste la *pichafobia*. Y por eso se esfuerza tanto su madre en llegar siempre antes que los demás. Todo el mundo se partió el pecho cuando Job contó lo de la *pichafobia* de Simón. Pero si de verdad le pasa eso, a mí no me hace ninguna gracia. Y si se lo ha inventado Job, mucho menos.

Simón no es un gran nadador que digamos. Está en mi grupo, lo cual quiere decir que nada tan mal como yo. Pero la gran diferencia entre Simón y yo es que a él le encanta la piscina. Cuando el monitor explica algo, siempre se ofrece para ser el primero en intentarlo. Y aunque casi nunca le sale bien, no le importa, siempre se ríe.

Simón nada con un estilo muy raro. Su braza parece un intento frustrado de nadar a mariposa y cuando hace la bicicleta se forman olas en nuestra parte de la piscina. Pero más rara todavía es su técnica de buceo. Cuando tenemos que bucear los famosos siete metros, en vez de empezar tirándose de cabeza lo más lejos posible, Simón salta al agua al lado del bordillo, baja hasta el fondo de la piscina, que está a casi cuatro metros de profundidad, y a partir de ahí empieza. Nunca pasa de cinco metros.

—Simón —le dice el monitor—, tienes que tirarte lo más lejos que puedas. Mira, así.

Entonces le coge de la mano para enseñarle cómo tiene que tirarse, pero a Simón no le gusta que nadie le toque y se pone a gritar.

La madre de Simón golpea el cristal con su anillo. El monitor vuelve la mirada hacia ella y le enseña un pulgar levantado hacia arriba. No pasa nada,

¿verdad, Simón? No, no pasa nada. Simón recupera la sonrisa, se deja caer en el agua como un ladrillo y bucea hasta el fondo para intentar de nuevo los siete metros, pero solo aguanta cinco.

Hoy, durante la primera clase de natación del curso, todo transcurre exactamente igual que el año pasado. Nos reunimos todos entre la piscina infantil y la piscina grande. El coordinador nos da la bienvenida y se presenta. Se llama John, es verdad. Igual que el loro de la tienda de bañadores, pero con la diferencia de que él lo pronuncia como «Chon». De modo que, por un lado, tenemos a Mister John, el loro, y por otro lado a Chon, el coordinador de natación. Se forman los grupos. Deivid, el mejor monitor, sigue a cargo de los héroes de la piscina. Anita sigue igual de gorda y Birgit igual de flaca. A medida que se van formando los grupos, los alumnos van desapareciendo en dirección a la piscina grande.

—¡No corráis! —regaña Calvineitor a su grupo, al que hoy le toca aprender a bucear con esnórquel.

Miro a mi alrededor y veo que ya no quedamos muchos.

—¿Quién tiene ya el A y el B? —pregunta Chon.

Unos cuantos levantan la mano, incluido Ying Kwan Wong. ¡Y Waiwai Ong! Imposible, los chinos se deben de estar equivocando. Eso mismo piensa Chon.

—He dicho el A y el B.

Ying Kwan asiente con la cabeza y sonríe. Waiwai asiente con la cabeza y sonríe. Ahora me doy cuenta de que ella también lleva una bolsa de plástico.

—Nos hemos pasado todo el verano nadando —dice Ying Kwan orgulloso— y nos hemos sacado dos diplomas cada uno.

Entonces abren las bolsas y sacan los diplomas. A y B para Ying Kwan. A y B para Waiwai.

Chon está encantado. Dice que le parece fantástico y que dirán lo que quieran de los chinos, pero que tienen una voluntad de hierro. Su sorpresa es tan grande que, mientras habla, sacude la cabeza. Ying Kwan y Waiwai se suman al grupo de Frank (el Enano), y yo me quedo en el grupo de los *pringaos* con unos cuantos pasmados de quinto. Y con Simón, por supuesto.

Yo no he nadado en todo el verano. Ni siquiera he pensado en la posibilidad de nadar. Y, mientras tanto, el flipado de Ying Kwan y la flipada de Waiwai se han sacado dos diplomas. Como si tal cosa. No sé qué se creerán los chinos estos, pero para los Juegos Olímpicos llegan un poco tarde.

—Bueno —dice Chon—, pues ya solo quedan los dioses menores.

Por si acaso, nos pregunta si hay alguien que no tenga ningún diploma. Pero no, los seis que quedamos tenemos el A. Chon sacude la cabeza. Somos el peor grupo del año, del cual se encarga siempre el propio Chon.

—Yo voy a ser vuestro monitor —nos dice—. Venid conmigo.

Nos lleva a una esquina de la piscina, la misma que el año pasado. Por el camino me da un toque en el hombro.

—¿Y tú? —me pregunta—. ¿No has tenido tiempo para practicar este verano?

Mi madre me pregunta qué tal fue mi día en el colegio, pero yo sé muy bien a qué se refiere.

—A todo el mundo le ha gustado mi bañador —contesto—. Y se nada muy bien con él.

—¿De verdad?

Cojo otra galleta sin pedir permiso. Es una galleta de jengibre con un molino dibujado.

—¿Y se te ha dado bien? —me pregunta ahora mi madre.

Al oír esa pregunta me viene a la cabeza el señor de las palomas. Mi madre no sabe nada, porque nunca se lo he contado. ¿Por qué habría de contárselo? Nadie sabe lo que hay entre ese señor y yo. Ni siquiera él. Y creo que lo mejor es que siga sin saberlo nadie.

—Este año me da clases el coordinador de la piscina —contesto—. Es el jefe de todos los monitores. Se llama Chon.

Mi madre asiente con la cabeza, pero no dice nada y no me hace más preguntas. Lo único que hace es seguir bebiendo té y comiendo galletas de jengibre. A mí no me gusta el té, pero sí las galletas de jengibre.

—¿Tú crees que mi padre sabrá nadar?

A mi madre esa pregunta le parece muy rara. Dice que no lo sabe. Mi madre no sabe nada de mi padre. Y tampoco quiere saber nada de él, porque en mi caso no hay padre que valga. Nunca lo ha habido. Desde que llegué al mundo solo tengo madre. Es lo que llaman «madre soltera por elección».

—Yo no creo que sepa nadar.

—¿Y por qué dices eso?

—Pues porque tú sí sabes nadar, mamá. Y de alguien tengo que haberlo heredado.

—¿El qué?

—¡El no saber nadar!

Mi madre me cuenta que al abuelo tampoco se le daba bien la natación y que podría haberlo heredado de él.

—¿Por qué no elegiste a un campeón de natación?

—¿Qué quieres decir?

—¿No se puede elegir a un padre con los ojos azules o marrones, o que sea muy listo y tenga el pelo rizado? Pues entonces, seguro que también se puede elegir a uno que sepa nadar muy bien.

—Puede ser —contesta mi madre—. Pero yo no elegí eso. Yo no elegí nada.

Eso ya lo sabía hace tiempo. Me lo ha contado mil veces. Pero a mí me parece bastante absurdo. Si vas al hospital para quedarte embarazada y el padre de tu hijo sale de un bote, ¿a quién se le ocurre no leer primero la etiqueta? Pero mi madre no quería saber nada. A ella le gustan las sorpresas. O sea, que yo podía haber sido cualquier cosa. Incluso un bebé indio. De hecho, mi madre tenía la esperanza secreta de que saliera indio.

Aunque así visto, todavía tendré que agradecer que mi padre no fuera chino, por mucho que los chinos tengan una voluntad de hierro.

06 MI LIBRETA DE TRUCOS

Hoy estoy todavía más nervioso que la semana pasada. Si es que eso es posible. El banco de la plaza está otra vez vacío, lo cual podría significar que el señor de las palomas no va a volver nunca más y que de ahora en adelante me las tendré que arreglar siempre yo solito. Pero sin su ayuda no lo conseguiré jamás.

Mucho antes de llegar a la plaza ya sabía que no estaría. Tenía el presentimiento. ¿Se habrá mudado mi salvador? ¿Y se habrán mudado con él las palomas? En este mismo momento, a lo mejor está sentado en el banco de otra plaza en otra ciudad. Y a lo mejor pasa por delante de allí el autobús de natación de algún colegio con un chico mirando por la ventanilla. Si mi protector ayuda a otro chico, supongo que al menos puedo estar contento. A lo mejor hay un pobre chino sin un solo diploma en ese autobús de esa otra ciudad. En tal caso no sería tan horrible que mi salvador no esté aquí para mí.

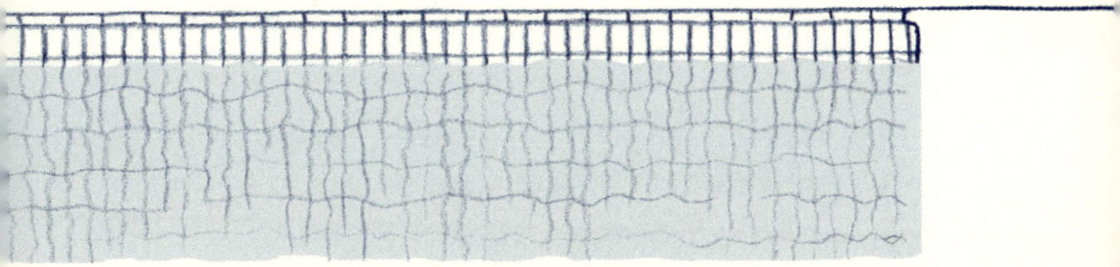

No. No funciona. No puedo engañarme. Además, el señor de las palomas es mío y de nadie más. Ese pobre chino se las tendrá que arreglar como pueda.

¿Cuándo fue la última vez que mi salvador no estuvo en su banco dos semanas seguidas? Con una caña de pescar busco en el pozo de mis recuerdos, pero lo único que sale a la superficie es que eso no ha ocurrido nunca.

De momento voy a esperar una semana más. Si el señor de las palomas sigue sin aparecer, tendré que recurrir a mis viejos trucos, aunque eso suponga renunciar a cualquier posibilidad de sacarme el diploma.

En un lugar secreto de mi cuarto tengo bien escondida mi *Libreta de trucos para no ir a natación,* porque si la encuentra mi madre sucederá una catástrofe mundial o algo parecido y nadie quiere que ocurran desgracias. La libreta fue un regalo de San Nicolás, que es una especie de Papá Noel que hay en Holanda. Al principio tenía todas las páginas en blanco y ahora la tengo llena de trucos que he inventado para no tener que ir a natación.

En realidad son trucos del año pasado. Este año me había prometido no volver a usar mis trucos, porque, si no, nunca me voy a sacar el diploma. Y porque ya los he gastado todos. Bueno, no todos, pero ya he utilizado siete y los demás, o no funcionan, o son demasiado ridículos, o no me atrevo a llevarlos a la práctica. Estos son los siete trucos que ya he utilizado:

Truco 2: el truco del entrenamiento de fútbol (este es el mejor)
Truco 7a: el truco del cuarto de baño
Truco 7b: el otro truco del cuarto de baño
Truco 11: el ataque de pánico (utilizar solo como último recurso)
Truco 23: el ataque de sordera (puede funcionar de vez en cuando)
Truco 42: el truco del árbol (parecido al truco 23)
Truco 44: el truco de «se me ha olvidado la bolsa de natación»

En total hay setenta trucos en mi libreta. El truco 31, por ejemplo, es el truco del autobús, y consiste en esconderse debajo del asiento poco antes de que el autobús llegue a la piscina. Pero lo más probable es que no funcione. Y el truco 59 es el del ovni, pero los ovnis no existen. O a lo mejor sí existen, pero yo nunca los he visto y no creo que venga uno a rescatarme de la clase de natación.

Lo mejor de los trucos que ya he utilizado es que funcionan de verdad. Pero el problema es que la mayoría de ellos no se pueden utilizar con demasiada frecuencia, porque entonces se notaría mucho y dejarían de funcionar. Aunque hasta ahora me ha ido bastante bien.

Truco 2: el truco del entrenamiento de fútbol

Este truco consiste en hacerse el enfermo. Es un truco muy bueno y basta con que se lo trague una persona: mi madre.

Lo que no funciona ni en broma es empezar a quejarse de una supuesta gripe el jueves por la mañana al despertar, porque entonces mi madre dice «¡Arriba!», o «¡Espabilando que es gerundio!», o «¡Cuento hasta tres!» y me quita las sábanas de un tirón.

No, hay que ser más astuto. El miércoles por la tarde, antes del entrenamiento de fútbol, ya empiezo a sentirme pachucho. Mi madre me mira preocupada y me pregunta si no sería mejor que me saltara el entrenamiento y me quedara en casa. Entonces tengo que poner cara de apuro y decir algo como:

—No sé... No quiero perderme el entrenamiento, pero no sé si estoy como para jugar a fútbol.

A lo cual mi madre responde que no hay más que hablar.

—Lo mejor es que te quedes en casa.

Pero en el último momento le digo que tengo que ir, que no puedo dejar al entrenador y al equipo en la estacada, y que ya me siento mejor. Mi madre duda un instante, pero valora mi sentido de la responsabilidad. ¿Y cómo puede ella saber que todo esto forma parte de mi plan para no ir a natación al día siguiente?

Total, que me da permiso para ir al entrenamiento de fútbol —¡bien!—, pero, cuando vuelvo, ella misma se da cuenta de que tal vez no fue tan buena idea dejarme ir.

—No parece que estés bien del todo —me dice.

Obviamente, yo sé muy bien la cara que tengo que poner para que parezca que no estoy bien del todo y contesto que ahora me encuentro mal de verdad, que me he sentido fatal durante todo el entrenamiento.

—Hoy te vas a la cama temprano. No sea que te vayas a poner enfermo.

Yo obedezco sin rechistar, por lo que a mi madre ya no le queda ninguna duda de que estoy diciendo la verdad. Si me voy a la cama temprano sin protestar, es que algo me pasa.

Entonces me meto en la cama y me quedo dos horas leyendo con una linterna debajo de las sábanas. Luego oigo a mi madre subir las escaleras. Ya se va a la cama. Igual que todas las noches, primero entra en mi dormitorio y, como todas las noches, antes de nada toca mi lámpara: si está fría es que estoy durmiendo como un angelito; si está caliente es que he estado leyendo a escondidas. No se le ocurre pensar que también hay linternas.

—Que tengas dulces sueños, rey mío —susurra.

(Siempre me ha parecido un poco ridículo que me llame «rey mío» y alguna vez me gustaría decir algo al respecto. Pero no puedo, porque, cuando me lo dice, ella piensa que estoy durmiendo y entonces se enteraría de que estoy despierto. Y de paso, a lo mejor descubriría mi linterna y acabaría deduciendo que llevo horas leyendo).

A pesar de todas las precauciones de la noche anterior, a la mañana siguiente amanezco enfermo. ¿Cómo es posible? Mi madre se lamenta, pero sabe que yo no tengo la culpa de ponerme malo. Tendré que quedarme en casa.

En este momento ya he alcanzado mi objetivo: no tengo que ir a natación. Pero el truco todavía no ha terminado. Todavía falta lo mejor.

Mi madre sube con una manzana pelada, porque según ella me sentará bien. Cuando entra en mi cuarto, la miro con cara de enfermo.

—¿Te encuentras mejor? —me pregunta.

Yo me encojo de hombros. Ella me da la manzana y me dice que ha llamado a su trabajo para decir que se tiene que quedar conmigo y que en el colegio me desean una pronta recuperación. Este es el momento para la última parte de este truco, la más importante. Como si me acordara de repente, con gesto de preocupación, exclamo:

—¡Mamá! ¡Me voy a perder la clase de natación!

Tal vez parezca una gran estupidez, pero no lo es. De hecho, es muy inteligente. Tarde o temprano, mi madre habría caído en la cuenta de que es jueves, el día de natación. Ahora, sin embargo, no sospechará que me haya puesto enfermo por la clase de natación. Porque, si no, ¿para qué iba a sacar yo mismo el tema? No, tiene que ser verdad que estoy enfermo y que justo ahora me acabo de acordar de que me voy a perder la clase natación.

—Bueno —dice mi madre, consciente de lo mucho que odio la natación—. No hay mal que por bien no venga.

¿Ves? ¡Funciona! Al final, mi madre y yo pasamos un día fantástico en casa. Ella no tiene que ir al trabajo y yo no tengo que ir a natación. Los dos lo sabemos, y no pasa nada. Al cabo de una hora empiezo a sentirme mejor. Mi madre opina que tengo mejor cara. En un primer momento dice que tal vez pueda ir al colegio después del recreo y que así ella también puede ir a su trabajo. No importa, no hay motivo para perder la calma. La clase de natación ya ha pasado y, además, sé que no lo dice en serio. Dentro de un rato nos sentaremos a almorzar juntos tan ricamente y mi madre freirá un huevo para cada uno. Y después, con un poco de suerte, si mi madre está de buenas, otro.

Fin del truco 2.

¿Y sabes qué es lo más curioso? Cuando me hago el enfermo, me siento enfermo de verdad. En serio. No sé por qué será, pero el caso es que me facilita mucho las cosas. Es como si lo tuviera apalabrado con mi cuerpo. Como si le dijera: «¡Venga, échame una mano! ¡Tengo que ponerme malo para no ir a natación!». Y para facilitarme el trabajo y que pueda poner cara de pena o incluso llorar si fuera necesario, mi cerebro envía una señal a mi tripa: «¿No oyes lo que dice este chico? ¡Quiere ponerse enfermo! ¡Venga, y rapidito, que no es tan difícil!». Mi tripa protesta un poco y yo ya empiezo a notar algo. Las protestas se convierten en un pataleo y, cuando me quiero dar cuenta, el pataleo se ha transformado ya en un dolor de tripa molesto y delicioso al mismo tiempo.

¡Hurra! ¡Lo conseguí! Estoy enfermo de verdad. A lo mejor valgo para el circo. ¡Pasen y vean al chico que se pone malo con solo proponérselo! Se abren las cortinas y aparezco yo. Cierro los ojos y me concentro: «Brazada de braza. Hacer la bicicleta. Cloro en la boca. Monitores de natación malvados. Siete metros buceando». El público aplaude. Lo he vuelto a conseguir. Estoy enfermo.

Sería genial si pudiera hacerlo también a la inversa. Es decir, que cuando estuviera malo de verdad, con fiebre y vómitos, pudiera ponerme bueno solo con pensar en cosas agradables. Fútbol, mi cumpleaños, el día de San Nicolás...

Mi madre dice que es un milagro que haya mejorado tan rápido. Y tiene toda la razón del mundo. Es un milagro. Porque soy un niño prodigio con un don muy especial. (Así es como se dice)

CON LA ROPA PUESTA

Simón ha mejorado. El año pasado no llegaba nunca ni a cinco metros buceando y ahora ya pasa de seis. Casi el mínimo exigido. Yo ya he llegado a siete metros. Varias veces. Para que te dejen examinarte del diploma B, el monitor tiene que estar completamente seguro de que eres capaz de aguantar debajo del agua el tiempo necesario. En mi caso, al parecer, no lo tiene del todo claro. Pero Simón ya casi tiene el visto bueno. Es lo que tiene Simón, que cuando consigue algo una vez, ya lo consigue siempre. Desde hoy, todos sabemos que esos seis metros y pico nunca volverán a ser cinco. Simón es capaz de bucear seis metros y Simón bucea seis metros. Ni cinco, ni siete. Seis.

—Muy bien, Simón —le dice Chon.

Simón sonríe y el monitor vuelve la mirada hacia el cristal.

Ahora es mi turno. Es ya la quinta vez que me dispongo a tirarme de cabeza. Hoy solo he con-

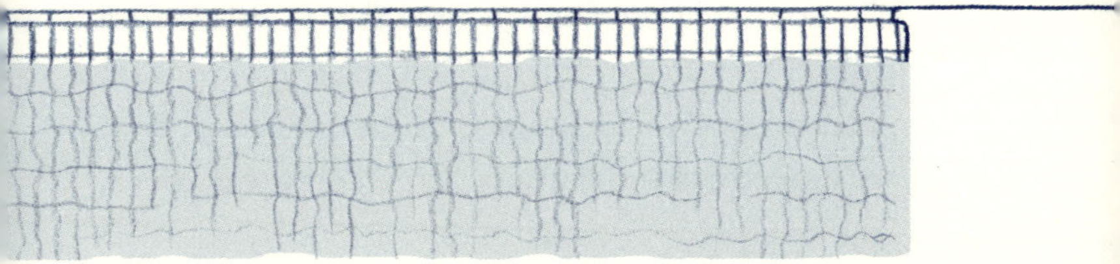

seguido cubrir los siete metros una vez. Y por los pelos. Todos mis demás intentos han sido fallidos.

—Tírate bien lejos —me explica Chon—. Leeejos. Y luego déjate deslizar todo lo que puedas. No te olvides.

Lo que quiere decir es que no debo ponerme a nadar como un loco nada más entrar en contacto con el agua. Es mejor dejarte deslizar hasta que tengas la sensación de estar completamente parado. Entonces empiezas a dar brazadas. Según Chon se ganan muchos metros haciéndolo así. Pero mi problema es que yo no sé deslizarme por el agua sin moverme. Y todo porque me tiro fatal de cabeza. No me tiro lo bastante lejos y con el cuerpo bien estirado hacia delante. De hecho, lo que yo hago no es tirarme de cabeza, sino saltar al agua con las manos juntas por delante de mi cuerpo.

—No —me corrige Chon—. Mira, tienes que tirarte así.

Se ha puesto detrás de mí para colocarme la espalda y la cabeza en la posición correcta. Está tan cerca que noto su olor, un olor dulce pero no especialmente agradable. Me estira los brazos hacia delante y me coloca las manos. Por un instante me gustaría ser Simón. Porque entonces me pondría a gritar, mi madre daría unos golpecitos en el cristal y el monitor me dejaría tirarme como me diera la gana, aunque lo hiciera fatal.

—¡Al agua! —exclama por fin Chon dándome un empujón en el culo.

Pero yo me había distraído un segundo y mi cuerpo hace «chof» en el agua. Más que saltar, lo que he hecho ha sido caer. La consecuencia es que trago agua y empiezo a toser.

—Menudo desastre —murmura Chon.

Tengo lágrimas en los ojos, pero con tanta agua no se nota. Salgo de la piscina por un lateral y me vuelvo a poner a la cola. Delante de mí está Simón riéndose. ¿Qué se ha creído? ¿Cómo se atreve a reírse de mí él, que todavía no ha pasado nunca de los seis metros? Me dan ganas de darle una patada por detrás. Pero no lo hago. Simón es mucho más fuerte que yo y su madre no nos quita el ojo de encima.

Hoy íbamos a practicar también con la ropa puesta, pero a mí se me había olvidado. Tenemos que ponernos encima del bañador un pantalón vaquero cortado por la rodilla, una camiseta vieja y unas zapatillas con cierres de velcro. Y con todo esto puesto nos hacen nadar varios largos. Pero yo no he traído la ropa. Chon se desespera. No entiende cómo pienso sacarme así el diploma B.

Uno de quinto que se llama Robin me presta su pantalón y su camiseta. Al ponérmelo todo noto que ya pesa, porque todavía está mojado. Chon me observa sin decir nada, pero por dentro piensa de todo. Lo sé porque a veces soy capaz de leer los pensamientos de los demás. Ahora, por ejemplo, es uno de esos momentos. Intento cerrar el botón del pantalón, pero no lo consigo porque es demasiado pequeño. Veo a Chon pensar: «Vaya inútil. ¿Cómo pudo sacarse el A alguien tan torpe?».

Ya estoy listo para hacer mis largos con la ropa puesta. El botón del pantalón lo dejo abierto.

Sacarme el diploma A me llevó mucho tiempo. Muchísimo. Cuando cumplí cinco años, mi madre me apuntó a natación. Las clases eran los lunes por la tarde. Teníamos que comer pronto y mi madre me llevaba en coche a la piscina. Era otra piscina distinta a la que voy ahora con el colegio y no sé cuál de las dos es peor.

Al salir de natación, muchas veces ya había oscurecido. Mi madre me compraba una espiral de regaliz en la cafetería y yo me la comía en el coche, camino de casa.

En las clases de los lunes también teníamos que practicar con la ropa puesta, pero conmigo no había manera. Yo me negaba a meterme en el agua porque no quería que se me mojara la ropa, y cuando la monitora se hartaba y me intentaba tirar a la piscina, me ponía a gritar de tal forma que mi madre se acercaba a ver qué pasaba. Por aquel entonces yo era una especie de Simón y así aguanté cien clases seguidas.

Pero como nadar con la ropa es obligatorio para sacarse el A, mi madre tuvo que pensar algo. Me hizo todo tipo de promesas y mis abuelos me dijeron que me darían un florín cada semana que me tirara al agua con la ropa puesta.

Mi madre me daba diez céntimos de paga cada semana. Con un florín adicional me haría rico en poco tiempo. ¡Un florín! Diez espirales de regaliz. En diez semanas de natación tendría para comprar cien espirales.

Pero entonces se murió mi abuelo y el día después del entierro me tiré al agua *con la ropa puesta* sin que nadie tuviera que decirme nada. No sé por qué lo hice, pero el caso es que así fue.

Ya nadie se acordaba de lo del florín y yo no me atreví a pedirlo. Mi abuela tenía otras cosas en la cabeza, como es natural, y a mi madre la idea aquella de darme un florín cada semana no le había gustado nunca nada.

De todas formas, a mí ya me daba igual. Yo ya nadaba con la ropa puesta. El pantalón vaquero pesaba el doble cuando estaba mojado y la camiseta se me pegaba al cuerpo, pero no me hundía y no me ahogué. Yo continué haciendo mis largos, y aquel invierno pude hacer, por fin, el examen del A.

El examen fue en otra piscina distinta, a las afueras de la ciudad. Mi madre me prometió que si me sacaba el diploma no hacía falta que siguiera yendo a natación, y eso me puso más nervioso todavía.

Camino del examen se nos pinchó una rueda del coche. Los demás coches empezaron a pitarnos y a hacernos señales con las luces y mi madre dijo que notaba algo raro, como si hubiera muchos baches. En un semáforo, un señor se acercó a la ventanilla de mi madre.

Yo me puse más nervioso todavía. Mi madre no tenía rueda de repuesto, de modo que llamó a una grúa. Ahora ya estaba seguro de que llegaría tarde.

—Eso nunca —aseguró mi madre.

Se puso en medio de la carretera e hizo parar al primer coche que pasó. El conductor era un señor con traje, corbata y gafas. Mi madre le explicó lo que ocurría y el señor dijo que él me llevaría a la piscina.

—En cuanto pueda voy para allá —me prometió mi madre—. Seguro que llego a tiempo.

El señor me dejó sentarme delante.

—Volando a la piscina —dijo—. Ese diploma no se te escapa.

Cuando llegamos, el señor entró conmigo y yo se lo agradecí. Él mismo se encargó de explicarle a la chica de recepción por qué llegaba tan tarde y, poco después, ya estaba entre los demás con mi vaquero cortado, en una piscina que no conocía y con un desconocido con traje, corbata y gafas detrás del cristal. Porque el señor se había quedado a esperar a mi madre. O a ver cómo hacía el examen.

—Venga —dijo el monitor—, saludad por última vez a vuestros padres, que vamos a empezar.

Yo saludé al señor. Él sonrió y me devolvió el saludo. Durante todo el examen me imaginé que aquel señor era mi padre. Cada vez que me ponía a la cola para hacer el siguiente ejercicio miraba hacia él y su presencia me daba seguridad. Pensar que era mi padre me ayudaba de verdad.

Cuando llegó mi madre, el señor y yo ya estábamos en la cantina comiendo tarta de manzana. La grúa se había llevado el coche y había tenido que venir en taxi.

—¡Enhorabuena! —exclamó y me dio cuatro o cinco besos tan fuertes que casi me aplasta.

Al señor le dio tres besos de cortesía, porque en Holanda los adultos se saludan con tres besos, no con dos. Pero para entonces yo ya no pensaba que era mi padre.

Volvimos a casa en autobús. Yo iba con mi diploma en la mano y una viejita me guiñó un ojo. Mi madre se lamentaba una y otra vez por haberse perdido mi examen y me decía lo orgullosa que estaba de mí. Y canturreaba.

En casa comimos otra vez tarta y mi madre me dio un regalo: un libro de fotos a todo color de la Eurocopa de fútbol de Suecia. El diploma lo metí en el cajón de abajo de mi escritorio. Y ahí sigue.

—Gracias por prestarme tus cosas —le dije a Robin, el chico de quinto.

—De nada —contestó él.

Me quito la ropa mojada. Por hoy ya casi hemos terminado y de momento no me he ahogado. Pero falta lo peor, porque al final de cada clase tenemos que hacer la bicicleta. Y cuando hacemos la bicicleta me cuesta mucho mantener la cabeza fuera del agua. Cuando todavía queda mucho tiempo para que podamos parar, noto que empiezo a hundirme, como si un monstruo acuático me tirara del pie desde el fondo de la piscina. Es un monstruo muy inteligente, porque no empieza a tirar desde el principio, sino que espera a que lleve un rato para que esté cansado y entonces me entra la sensación de que no voy a poder aguantar.

—¡Esas cabezas fuera del agua! —dice Chon—. ¡Y que vea yo bien los dedos!

Quince segundos más. Doce. Once. Todos juntos hacemos la cuenta atrás, y con cada número que cantamos me entra un poco de agua en la boca.

—¡Diez! ¡Nueve! ¡Ocho! ¡Siete!

Esto es un combate entre el monstruo y yo, y creo que tengo muchas posibilidades de ganar porque no veo a ningún monstruo por ningún sitio. Aunque nunca se sabe...

—¡Seis! ¡Cinco! ¡Cuatro! ¡Tres!

Si no pedaleo muy fuerte ahora, el resto del día tendré los ojos rojos del cloro. El monstruo tira de mí, ya casi me tiene.

—¡Dos! ¡Uno! ¡Cero coma cinco! ¡Y cero!

Los dos últimos segundos son siempre en reali-

dad cinco. Pero he ganado. He conseguido mantener la cabeza fuera del agua y el monstruo acuático se aleja decepcionado. La semana que viene tendrá otra oportunidad.

Al volver al colegio, el autobús nos lleva siempre por otro camino y ya no volvemos a pasar por la plaza. Pero las canciones de Job no faltan nunca y yo casi siempre me siento en mi sitio, aunque ahora ya da igual.

Este año las clases de natación del colegio son más horribles que nunca. Soy el más mayor del peor grupo de todos (sin contar a Simón, pero a él nadie lo cuenta).

Voy contando los coches azules que veo en la calle. Hasta ahora llevo cuatro. Tengo el pelo mojado y así seguirá la mitad del día.

UNA SILLA BLANCA EN UNA SALA BLANCA

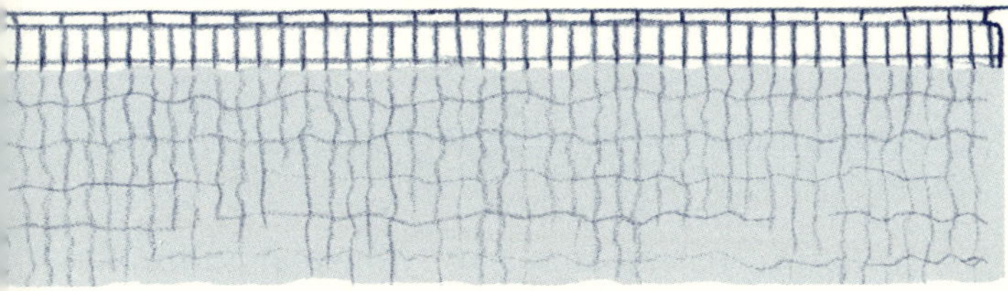

—¿Mamá?

—¿Qué?

—No quiero ir a natación.

Estamos sentados a la mesa y no sé por qué digo eso, porque no va a servir de nada.

—Lo entiendo —contesta mi madre.

Sí, claro que lo entiende. Tampoco es tan difícil de entender. Odio las clases de natación y por eso no quiero ir.

—Pero hay un problema —añade mi madre—. Yo no soy quien decide eso.

Ahora voy a ponerme pesado. Porque me da la gana. ¿Por qué no puede decidir mi madre si tengo que ir o dejar de ir a natación? Ella es quien manda en mi casa y, además, ni siquiera tengo padre. Si ella llama al colegio y dice que los médicos me han examinado a fondo y han descubierto que soy alérgico al agua, ya verás como no tengo que ir a nadar.

—No protestes —replica mi madre—. Estas más sano que un pez.

Pero no es verdad. Los peces saben nadar, y yo no. Algo me pasa, estoy seguro.

—¿Y qué es lo que te pasa? —pregunta mi madre.

—Que tengo fobia al agua —contesto—. Eso existe de verdad.

Mi madre no responde. Se sirve más judías y, cómo no, se pone a canturrear.

Fin de la conversación.

Estoy sentado en una silla blanca en una sala blanca. Dos días después de que le sacara a mi madre lo de mi fobia al agua, me dijo de pronto:

—Tengo algo que decirte.

Estábamos haciendo un puzle de un dálmata que lleva ya varias semanas a medias en el cuarto de estar porque tiene mil piezas: todas negras, blancas o negras y blancas (la mayoría).

Mientras lo dijo, siguió buscando una mancha del perro que le hacía falta. Eso me resultó sospechoso y por eso supe que se trataba de algo importante.

Entre nosotros, la frase «Tengo algo que decirte» significa que uno va a hablar y el otro lo único que puede hacer es escuchar, porque ha ocurrido algo que ya no tiene vuelta atrás o porque hay algo que es como es y no se puede cambiar. «Nos vamos a mudar», por ejemplo, es una noticia que podría ir precedida de «Tengo algo que decirte». Otro ejemplo sería: «He roto sin querer el espejo de un coche jugando al fútbol». Es decir, que uno empieza diciendo «Tengo algo que decirte», y a continuación viene lo que de verdad importa.

—¿De qué se trata? —pregunté yo.

Mi madre hizo como si estuviera muy concentrada buscando su pieza y a mí casi me da la risa.

—¿Me lo vas a decir o no?

—¡Sí! —exclamó ella al encontrar por fin la pieza que necesitaba—. ¡Ya la tengo!

Primero colocó la pieza en su sitio y a continuación me dio la noticia.

La silla blanca y la sala blanca son de Dorina. Y Dorina era la noticia de mi madre. Yo creía que mi madre me tenía por un quejica con lo de la natación. Pero estaba equivocado. Ella se toma muy en serio lo de la fobia al agua y cree que se puede hacer algo al respecto. Por eso llamó a Dorina. Dorina es una mujer que entiende de esas cosas y va a hablar de ello conmigo.

—¿Quieres beber algo? —me pregunta—. ¿Zumo de manzana? ¿Cocacola?

Le pido agua, porque me da miedo derramar algo encima de la silla blanca. A Dorina le hace gracia que no quiera otra cosa, pero me da un vaso de agua.

—¿Sabes por qué estás aquí? —me pregunta.

—Creo que sí.

—¿Y qué crees?

—Creo que sé por qué estoy aquí.

—¿Y por qué estás aquí?

—Creo que porque me da miedo nadar.

—¿Y por qué crees eso?

Oh, no, ¿va a ser así toda la conversación? Porque odio este tipo de conversaciones y no estoy de humor para esto. Seguro que luego me pregunta por mi padre. Y en cuanto sepa que no tengo padre ya no hablará de otra cosa. Eso fue lo que pasó hace unos años. Mi madre me mandó a hablar con una tal Ingrid porque todavía me hacía pis de vez en cuando en la cama. Y la tal Ingrid lo único que quería hacer era hablar de mi padre. Pero yo no tengo padre y no sé qué hay que decir de un padre que no existe.

—Cuéntame algo de natación —dice Dorina—. Tienes clase todas las semanas, ¿verdad?

Yo asiento con la cabeza.

—Y no te gusta, ¿eh?

Ahora niego con la cabeza.

—A mí me lo puedes contar todo. Para eso estoy.

Eso ya lo sé. Y si no le cuento nada sería una pena para mi madre, porque una conversación con Dorina seguro que cuesta mucho dinero, aunque no hablemos de nada. No decir nada sería un desperdicio inútil. Mi madre diría que es «derrochar a lo tonto», y a ella eso no le hace ninguna gracia. Así que me pongo a contarle cosas a Dorina.

Ella me escucha en silencio y de vez en cuando sonríe. Parece simpática y a lo mejor me quiere ayudar de verdad. Lo veo en su sonrisa. ¿Le cuento algo sobre mis trucos? De la libreta que tengo escondida no pienso decir nada, eso lo tengo claro, pero tal vez pueda contarle un par de trucos. A ella se lo puedo contar todo. Porque para eso está.

Truco 7a: el truco del cuarto de baño

Este truco solo lo he usado una vez. Se parece mucho al 7b (que también he usado una única vez), pero es más fácil. Todo el mundo puede hacerlo. Lo único que hace falta es un reloj. Y ni siquiera es imprescindible.

El autobús de natación llega todas las semanas exactamente a la misma hora: las diez y ocho minutos. Al menos, por mi reloj. A las diez, mi reloj emite dos pitidos y desde ese momento ya no le quito el ojo al minutero. Las diez y un minuto, las diez y dos minutos, las diez y tres minutos... A las diez horas y siete minutos exactamente entro en el edificio y me voy al baño. En nuestro colegio no hay que pedir permiso, así que no hay ningún problema. Justo en el momento en que me meto en una de las cabinas del baño y cierro la puerta, el autobús se para delante del colegio. No falla.

Las diez y ocho minutos. Nueve. Diez. A lo lejos, oigo a Ineke que empieza a entonar su cancioncilla y a dar palmas. Espero hasta dejar de oírla. Por mi reloj son las diez horas y trece minutos. Mi corazón palpita con fuerza. ¿Me atrevo a quedarme dentro? Sí, me atrevo. A las diez horas y dieciséis minutos ya sé que el autobús se ha ido, pero por si acaso me quedo un minuto más en la cabina. A continuación tiro de la cadena, abro la puerta y salgo al patio.

¡Oh, no! ¡He perdido el autobús!

Voy corriendo hacia Mark, un profe de séptimo, que está hablando en medio del patio con Maaike, una profe de octavo.

—¡He perdido el autobús de natación! —les digo. Si hago bien mi papel, se supone que ellos verán lo preocupado que estoy.

Mark comprende la situación y me dice que me tengo que quedar con su grupo de séptimo hasta que mis compañeros vuelvan de natación. Ahora tienen gimnasia. Me paso dos horas enteras jugando al *futbolardo* con ellos. En ese plazo consigo derribar cinco bolardos. Los de séptimo alucinan con lo bueno que soy. Esta ha sido la mejor clase de natación de mi vida.

Fin del truco 7a.

Dorina no deja de sonreír mientras le cuento el truco. Ahora incluso asiente con la cabeza. ¡Eso es que le gusta! No está mal esto de explicar mis trucos. Voy a contar otro.

Truco 7b: el otro truco del cuarto de baño

El truco 7b también tiene que ver con el cuarto de baño, igual que el 7a, pero este es más complicado. Se me ocurrió una vez que Julia tardó diez minutos en volver del baño. La profe fue a mirar y al cabo de un rato volvió con Julia llorando. Se había quedado encerrada en el váter.

Julia se fue al baño y, cuando quiso salir, no había manera de abrir la puerta. El cerrojo estaba atrancado. Julia trató de abrir a empujones y pidió ayuda a gritos, pero la puerta de clase también estaba cerrada y nadie oía nada. A Julia le entró miedo y a mí se me ocurrió una idea genial.

Este truco empieza exactamente igual que el 7a. Antes de que Ineke empiece a cantar y a dar palmas me encierro en el baño de los de cuarto, los alumnos de la señorita Ellen. Pero Ellen está en el patio, porque todo el mundo está jugando en el patio. Una vez que he cerrado la puerta, saco las tijeras que me había guardado en el bolsillo poco antes del recreo. A continuación meto una de las hojas en la cerradura y giro a la derecha todo lo fuerte que puedo, hasta que oigo un «clac». Funciona. Aunque eso ya lo sabía, porque entre el lunes y el miércoles lo he probado ocho veces.

Entonces me vuelvo a guardar las tijeras en el bolsillo y miro el reloj. Empieza la cancioncilla y las palmas de Ineke. Espero a que el patio quede en silencio y sigo esperando un poco más. Por fin tiro de la cadena e intento abrir la puerta. Pero no puedo, obviamente. Lo vuelvo a intentar una segunda vez. Y una tercera. Pero no hay forma de abrir.

Entonces me entra miedo. Como a Julia. Estoy

encerrado en el váter y no puedo salir. Empiezo a gritar. Y cada vez grito más fuerte.

—¡Socorro! ¡Ayuda! ¡Estoy encerrado!

¡Oh, no! ¡Me voy a perder la clase de natación! ¡No puede ser! Subo aún más el volumen de mis gritos. Alguien tiene que oírme. Esto ya no tiene gracia.

A las diez y veinticuatro me libera por fin Aad, el bedel, con un destornillador. La sangre se me ha subido a la cabeza y todo el mundo se da cuenta. Pero es que quedarse encerrado en la cabina de un baño no es plato de gusto para nadie. Me dan un vaso de agua para que se me pase el sofoco y me hacen sitio en la clase de Ellen hasta que vuelva el autobús de natación.

Fin del truco 7b.

—Vaya, vaya... —murmura Dorina.

Su sonrisa ha desaparecido y al instante me arrepiento de lo que le he contado. Mis trucos eran un secreto y tal vez deberían haber seguido siéndolo.

—¿Saben tus padres que faltas a la clase de natación? —me pregunta.

Le contesto que no, y que no quiero que mi madre se entere.

—Todo lo que digas aquí se queda dentro de estas cuatro paredes —me tranquiliza ella.

¿Será verdad? Porque en ese caso puedo decir lo que quiera.

—¿Qué me puedes contar de tu padre? —me

pregunta Dorina—. ¿Están separados tus padres?

¿Qué os había dicho? Ya empezamos. No llevo aquí ni diez minutos y ya estamos hablando de mi padre. Y eso que ni siquiera tengo. Es como preguntarle cuáles son sus zapatos favoritos a alguien que no tiene piernas. Aunque Dorina no podía saber que no tengo padre solo con mirarme. Y me voy a aprovechar de ello.

—Mi padre se ha ido.

—Ah...

—Sí, este verano.

Dorina asiente en actitud comprensiva. Pero no entiende nada, por supuesto. Le cuento que mi padre se estaba volviendo loco porque mi madre no para de canturrear. Y que por eso se fue.

—¿Tú crees que ese es el motivo? —me pregunta.

—Estoy seguro —contesto—. Y también estaba muy triste porque Holanda no ganó el mundial.

—¿Y dónde vive ahora tu padre?

Esto se pone divertido. Contesto que está en una plaza, sentado en un banco con una bolsa muy grande de pan. Todos los días da de comer a las palomas y ellas, a cambio, lo tapan cuando hace frío, como si fueran un edredón de plumas.

—Vaya —dice Dorina—, qué interesante.

Yo contesto que sí, que es una historia muy interesante. Que mi padre hace sus necesidades entre los arbustos y que, cuando voy a verlo, me pregunta por las clases de natación.

—De modo que tu padre vive ahora en ese banco...

—Sí —contesto—. Curioso, ¿verdad?

—Muy curioso —asiente ella—. Y muy extraño. De lo más peculiar... ¿Qué más me puedes decir de tu padre?

Le contesto que mi padre es un indio. Sin penacho, eso sí, pero claramente reconocible como indio. Antes, cuando jugaba a los vaqueros con mis amigos, atábamos a mi padre a un árbol de nuestro jardín. Mi madre lo soltaba cuando volvía a casa. (Y eso que en casa no tenemos jardín).

Dorina ha agarrado un cuaderno de notas y escribe sin parar.

—De vez en cuando se pone una pluma en el pelo —continúo—. En la plaza donde vive hay plumas por el suelo. De los gansos. Así todo el mundo puede ver lo que es.

—Un indio —dice Dorina.

—Exacto.

Dorina escribe y escribe.

—¿Y ese indio... —pregunta levantando la mirada del cuaderno—, sueñas alguna vez con él?

Contesto que no. Que siempre tengo el mismo sueño: una piscina llena de dinero. Le explico que es una cosa que he visto en los tebeos del Pato Donald y ella asiente.

—¿Igual que el Tío Gilito?

—Sí, pero cuando me tiro, me doy un coscorrón tremendo en la cabeza.

—Au —dice Dorina—. Eso duele.

—Pero es solo un sueño.

Bueno, y ya está bien de decir tonterías, que si no me las voy a acabar creyendo yo mismo.

—¿Me puedes dar otro vaso de agua? —pregunto.

09

CARTA A LA REINA

A la tercera va la vencida. No sé de dónde viene ese dicho, pero es lo que dice la gente. Si algo sale mal dos veces, a la tercera tiene que salir bien. Y si algo sale bien dos veces, a la tercera sale mal. Pero si algo sale mal tres veces, ya no sale bien nunca. Creo que es así, aunque no estoy seguro. En cualquier caso, cuando tienes una tercera oportunidad en lo que sea, se dice que a la tercera va la vencida.

Hoy es la tercera clase de natación del año, así que el señor de las palomas tiene que estar en su banco. De lo contrario me voy del colegio. Emigro. Así se dice cuando uno se va muy lejos. El Pato Donald lo hace muchas veces, aunque luego siempre vuelve. Pero si el hombre de las palomas no está hoy en su sitio, yo me largo y me quedo para el resto de mi vida en Tombuctú. O en Lejanistán. Seguro que allí también hay clubs de fútbol y un montón de gente a la que tampoco le gusta nadar. Por eso han emigrado todos allí.

Hoy me duele la tripa más que nunca. Tenía que haber utilizado el truco 11 esta mañana. En realidad, ese truco solo se puede utilizar una vez, pero en caso de emergencia las reglas cambian. («A veces hay que hacer de la necesidad virtud», suele decir mi madre. Lo dijo, por ejemplo, una vez que nos teníamos que ir de vacaciones un día antes de que terminara el colegio y llamó diciendo que yo estaba malo. Y también lo dijo este verano cuando el mundial de fútbol. En el descanso del Holanda-Brasil a mí ya me tocaba irme a la cama, pero todavía iban 0-0 y me dejó quedarme a ver la segunda parte. Brasil se puso 2-0, luego Holanda consiguió empatar, pero al final perdimos 3-2).

Truco 11: el ataque de pánico

Este truco está reservado para cuando ya es jueves, ya estoy en el colegio y, de pronto, tengo la corazonada de que es un mal día para ir a natación.

El truco 11 solo se puede usar una vez, porque si no llamaría la atención. A no ser que algún jueves haya suerte y venga un profe sustituto. En tal caso se podría utilizar una segunda vez.

En la primera clase del día pongo cara de estar pachucho. Hasta que la profe me ve.

—¿Estás bien? —me pregunta.

Yo me encojo de hombros y sigo con la misma cara durante toda la hora. La profe me mira con más frecuencia de lo normal. Lógico. Poco antes del recreo se acerca a mí.

—Algo te pasa, ¿verdad? —me dice—. ¿Te encuentras mal?

En ese momento me resulta muy fácil llorar: porque la profe es tan buena conmigo, porque siento lástima de mí mismo, porque odio las clases de natación y porque tengo un don especial.

Contesto que no lo sé, que me duele la tripa. La profe propone que llamemos a mi madre.

—Mi madre está trabajando.

—¿Y sería un problema que la llamemos?

Este es el momento más importante del truco 11. Ahora tengo que decir que no me encuentro tan mal, pero que me quiero quedar dentro durante el recreo. La profe lo comprende y me deja solo. Más tarde oigo la cancioncilla y las palmas de Ineke. ¿Se han olvidado de mí? Eso facilitaría mucho las cosas. Pero no, no se han olvidado. La profe viene a verme. Es el momento de poner cara de corderito degollado. Y, si puedo, de volver a llorar un poco.

La profe se tiene que ir al autobús y ahora no tiene tiempo para llamar a mi madre. Yo, por supuesto, lo comprendo. Y ella comprende que, en el estado en el que estoy, no puedo ir a natación, por lo que me tendré que quedar con Aad a leer un libro. Y si me pongo peor, que se encargue Aad de llamar a mi madre. De lo contrario, ya veremos cómo estoy cuando vuelvan ellos de natación.

A mí me parece bien. Por supuesto. Y nadie llama a mi madre. Por supuesto. En el momento en que el autobús de natación se aleja del colegio, mi dolor de tripa empieza a desaparecer. Y al final del día ya estoy otra vez como nuevo.

—Tienes mucho mejor cara —me dice la profe.

Yo asiento. Porque ya me encuentro mucho mejor.

Fin del truco 11.

Hoy va a ser un día catastrófico. Hoy, más que nunca, hay que hacer de la necesidad virtud. Pero es demasiado tarde para el truco 11. El autobús ya está en marcha y yo estoy como siempre en mi sitio: quinta fila empezando desde atrás, lado izquierdo, asiento de la ventana.

Nos acercamos a la plaza. Una vez oí que si deseas mucho algo y piensas todo el rato en ello, se cumple. Lo dijo una amiga de mi madre. Y ella lo creía a pie juntillas. Es una técnica que se llama «pensamiento positivo». A mi madre le pareció muy interesante.

Hoy llevo todo el día con pensamientos positivos. Hasta le he puesto cara en mi cabeza al señor de las palomas, y eso que desde el autobús no se distinguen bien sus rasgos. He imaginado cómo miraba su pan esta mañana y, al ver que estaba seco y duro, pensaba que había llegado el momento de ir a dar de comer otra vez a las palomas. Desde muy temprano no hago otra cosa más que pensar en el señor de las palomas sentado en su banco. Más positivo no se puede pensar.

El autobús gira a la derecha. Entre mis pensamientos positivos se cuelan los maullidos del gato con botas, que según Job va por ahí en pelotas, tralará.

Nos acercamos a la plaza. Y por lo tanto al banco. «¡El señor de las palomas! ¡El señor de las palomas! ¡El señor de las palomas!» Intento repetirlo en mi cerebro todas las veces posibles. Ya tengo al señor de las palomas tan metido en la cabeza que no me queda sitio para otros pensamientos. Si alguien me preguntara ahora cómo se escribe «berenjena», contestaría: «¡El señor de las palomas!». ¿Cuánto es ocho por siete?: «¡El señor de las palomas!». Casi no me acuerdo ni de mi propio nombre.

El autobús pasa por delante de la plaza.

Cien señores y miles de palomas salen volando de mi cabeza. Eso de los pensamientos positivos será todo lo interesante que quieras, pero no sirve para nada.

Por tercera vez consecutiva, el banco está vacío.

En nuestra piscina se producen milagros todas las semanas. Primero resulta que los chinos saben nadar así de repente, y ahora es Simón el que nos sorprende a todos. La semana pasada solo era capaz de bucear seis metros y un poquito. Esta semana aguanta nueve. Para sacarse el B basta con bucear siete metros, pero Simón hace nueve una y otra vez. Y se lo pasa bomba. Y su madre, que no para de dar saltitos y de aplaudir detrás del cristal, no digamos.

A la tercera va la vencida. Efectivamente. Ese dicho es tan cierto como que el agua está mojada. A partir de hoy —desde la tercera clase de natación del curso— soy oficialmente el peor nadador de todos. Los de quinto ya bucean siete metros. Simón, nueve. Y Ying Kwan y Waiwai están ya tan lejos de mi grupo que ni los veo. Podría hacerme cien largos sin tropezar ni una sola vez con un chino. Soy el mayor *pringao* que existe. Con mucha diferencia.

Ahora que Simón supera la prueba de los siete metros, no hay quien le quite a Chon de la cara su sonrisilla de orgullo. Porque se cree que si Simón aguanta tanto debajo del agua es gracias a él. Hoy lleva toda la clase apuntando cosas en un papel. Seguro que le está escribiendo una carta a la reina.

Estimada majestad:

Solo llevo tres semanas dándole clase a Simón y ya es capaz de bucear siete metros... no, qué digo: ¡nueve metros! Yo creo que me merezco una condecoración, ¿no le parece?

Atentamente,

Chon

Al terminar la clase, Chon nos llama a todos a su lado.

—Tengo una gran sorpresa —nos dice—. Algunos de vosotros podréis examinaros del B dentro de dos semanas.

Anda, mira. Eso es una buena noticia. Sobre todo para Simón y su madre.

Chon mira su papel.

—Todos atentos, porque voy a ir leyendo los nombres de los que pueden hacer las pruebas.

Mi vista se dirige hacia el techo. Qué techo más alto tiene la piscina. Una paloma tardaría mucho en golpearse la cabeza contra él. El monitor va leyendo los nombres que tiene apuntados en su papel. Alumnos de quinto. Cuatro alumnos de quinto. ¡Todos los alumnos de quinto!

—Y por supuesto, Simón —termina Chon.

Todo el mundo feliz. Menos yo. Yo estoy llorando. Chon ha dicho todos los nombres menos el mío. Ya sé que no sé nadar como es debido, pero no puedo reprimir las lágrimas.

Chon se acerca a mí. Seguro que va a intentar consolarme.

—¿Por qué lloras? —me pregunta—. Tú ya sabías que todavía no estás preparado, ¿o no?

Me pongo a llorar más fuerte. Y más. Y mucho más. Un llanto como una alarma de incendios resuena por toda la piscina. ¿Soy yo quien llora así? No, no soy yo. De pronto oímos el ruido de un anillo golpeando repetidamente el cristal. El monitor y yo miramos hacia atrás. Los golpes son para Simón. El llorica.

—¿Por qué lloras, Simón? —le pregunta Chon.

El monitor seguro que está pensando en la reina. Porque con un alumno tan llorica seguro que no le da ninguna condecoración. Y Simón no para de llorar. Todos los demás grupos han parado su actividad. La piscina entera mira a Simón.

—¿Por qué lloras, Simón? —pregunta Chon otra vez.

—Simpón está triste —dice Simón señalando con el dedo—. No es justo que él no pueda hacer las pruebas.

Más de cien ojos siguen el dedo de Simón y ven un bañador rojo. Modelo *Los vigilantes de la playa*.

Estoy con mi madre en el sofá. Estamos bebiendo té. O mejor dicho, ella está bebiendo té. A mí el té no me gusta.

—Tengo algo que decirte —le digo.

—Yo también —replica ella—. Bueno, más bien tengo algo que preguntarte. Y algo que decirte.

—Tú primero.

—No —dice ella—. Empieza tú.

Le cuento que desde hoy soy el peor nadador del colegio. Que Simón aguanta nueve metros buceando, que los chinos ya no sé ni dónde están y que todos los de mi grupo menos yo van a hacer el examen del B dentro de dos semanas.

—Vaya —murmura mi madre—. Te comprendo. A nadie le gusta estar en esa situación. Pero ahora déjame que te haga mi pregunta.

No parece que me haya tomado muy en serio. Por lo visto le preocupa más su pregunta. Allá va:

—¿Le has contado alguna mentira a Dorina?

No puedo creer lo que oigo. ¿Eso es lo que entiende Dorina por dejar lo que le cuento entre sus cuatro paredes? ¿Quién es aquí la que está mintiendo?

—No —contesto.

—¿Estás seguro?

—Sí, estoy seguro.

Mi madre sacude la cabeza y dice que no le gusta que le mienta también a ella. No le gusta lo más mínimo.

—¡No miento!

—¿Ah, no?

—¡No!

—¿Y qué hay entonces del señor ese y las palomas?

Está muy enfadada. Se le ve en la mirada. Este asunto no le hace ninguna gracia. Pero a mí tampoco. ¡Qué imbécil la Dorina esa!

—¿Te cuenta Dorina todo lo que le digo?

—Contéstame cuando te pregunto —exige ella.

Ahora me gustaría enfadarme mucho, pero en vez de eso me parece que me voy a poner a llorar. Y no quiero llorar.

—¿Me ocultas algo? —pregunta mi madre.

—Esa no es la cuestión.

—¿Ah, no?

—¡No!

Mi madre se queda mirándome mucho rato en silencio. Y de pronto dice:

—Si vas a contarle a Dorina historias de indios sobre tu padre, al menos me gustaría saber de dónde te las sacas.

Ahora soy yo el que se queda en silencio. Porque necesito pensar. No parece que Dorina le haya contado nada sobre mis trucos. De lo contrario, mi madre ya habría dicho algo. ¿Por qué le ha contado solo la tontería esa del indio? A lo mejor le llamó tanto la atención que no pudo evitar comentarlo con mi madre. Hay que hacer de la necesidad virtud, vale, pero aun así estoy enfadado.

—No quiero que andes por ahí contando mentiras —me dice.

Eso es lo que me quería decir. A mi madre no le gustan las mentiras. Para ella, mentir es una de las cosas más horribles que hay. Lo que no sabe son las mentiras que me dice a mí Dorina. No pienso ir a hablar nunca más con esa señora.

Sin decir nada, me levanto y me voy hacia la puerta.

—¿Adónde vas? —me pregunta mi madre.

—Me voy.

—¡Tú te quedas aquí!

Pero no, mi madre se equivoca, porque salgo del cuarto de estar, cruzo el pasillo, voy hasta la puerta principal y salgo a la calle. Es más, me voy de nuestra calle. Y mucho más lejos todavía.

10

MINA TRESPIÉS

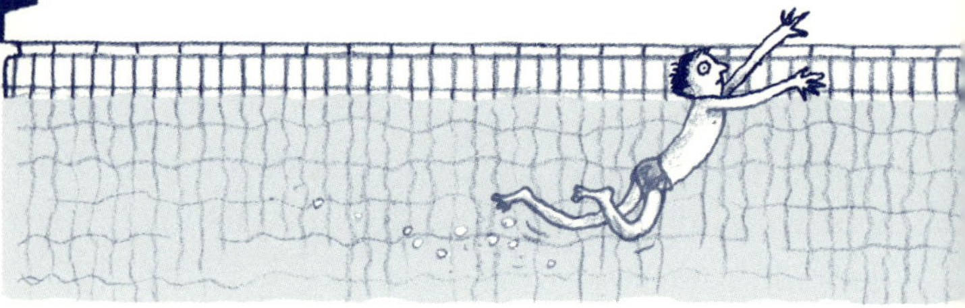

A mediodía la plaza se ve distinta que por la mañana. Más oscura y más fría, aunque podría ser por las nubes.

El banco está vacío, por supuesto. Me acerco a él y me siento. Se me hace raro. Como si estuviera haciendo algo prohibido. Si me apoyo contra el respaldo, las piernas no me llegan al suelo. Un pato nada por el estanque. Él no necesita diplomas. Ojalá fuera yo un pato. O no, mejor no. Ser pato seguro que es peor que ser un niño.

¿Sabes qué es lo que me apetece? Ponerme a llorar. Pero ahora me resulta imposible. Me pongo a pensar en mi salvador. Si lo llamo a gritos, a lo mejor aparece en la plaza. Pero no sé ni cómo se llama. Y, quién sabe, a lo mejor el señor de las palomas está sordo.

Truco 23: el ataque de sordera

Este truco solo funciona una vez. Poco antes de que llegue el autobús de natación, te vas a la otra pun-

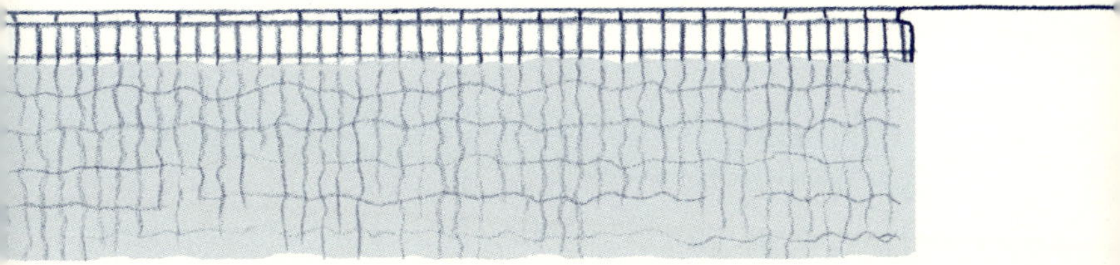

ta del patio. Ineke empieza a cantar y a dar palmas, pero, como estás tan lejos, no oyes nada. El autobús se va sin ti y —oh, desgracia— te pierdes la clase de natación. A continuación vas a los profes que haya en el patio y a partir de ahí todo es igual que el truco 7a.

Fin del truco 23.

Miro a mi alrededor. En torno a la plaza hay casas. No muchas, pero las hay. A lo mejor el señor de las palomas vive en una de ellas. Ya sé lo que puedo hacer. Puedo llamar a todas las puertas y preguntar si alguien lo conoce. Pero nunca me atrevería.

Pensamiento positivo.

O a lo mejor sí me atrevo. Veamos, ¿qué es lo peor que me podría ocurrir?

1. Llamo a una casa en la que vive un pederasta.

2.

No se me ocurre nada en segundo lugar. ¿Y cuántos pederastas puede haber en el mundo? Si alguno vive casualmente en esta plaza, no creo que esté esperando en casa a que un menor llame a su puerta. Además, cuando salgo a vender bonos de ayuda, bien que me atrevo a llamar a todas las casas. Y esto es más fácil todavía.

Pensamiento positivo.

Por ejemplo, esa puerta azul. Podría llamar perfectamente. Es una puerta de aspecto bastante inocente. Si es que es posible decir eso de una puerta. Desde la ventana que hay al lado —también azul— se ve muy bien el banco. Quien viva en esa casa seguro que ha charlado alguna vez con mi salvador. Seguro que han hablado del tiempo, de los pájaros, del precio del pan o del sitio donde vive el señor de las palomas.

Ya estoy delante de la puerta azul. ¿Me atrevo?

Al tercer pensamiento positivo va la vencida.

Sí, me atrevo. Llamo al timbre. Es uno de esos de tirar. Dentro se oye una campana con un sonido muy simpático, como si me diera la bienvenida. Aquí no puede vivir ningún pederasta. Oigo pasos muy lentos. Cada vez están más cerca. Todavía tengo tiempo de salir corriendo. Pero me atrevo a quedarme. No me queda otro remedio, porque sin el señor de las palomas jamás sobreviviré a las clases de natación.

—¿Qué deseas?

Delante de mi hay una mujer muy anciana. Tiene tantas arrugas que su cara parece un laberinto. Si empiezas arriba a la izquierda, podrías seguir hasta su barbilla pasando por los ojos, la nariz y el contorno de los labios, todo ello sin salir de las arrugas. ¡Pero solo hay una ruta posible! Esta señora es más vieja que Matusalén. O que los árboles. Porque en el cole nos dijeron que los árboles pueden vivir más de mil años (si no los talan antes, claro).

Truco 42: el truco del árbol

El truco del árbol es muy parecido al del ataque de sordera, pero en este caso tienes que esconderte detrás del árbol que hay al lado de los hoyos de las canicas. Cuando se haya ido el autobús de natación, sales de tu escondite. A partir de ahí, es todo igual que en los trucos 7a y 23.

Fin del truco 42.

La ropa que lleva la señora es tan vieja como sus arrugas. Una falda gris larga y una blusa blanca con un cuello que parece una servilleta. Ropa de vieja. Mi abuela también viste así, igual que sus amigas. Cuando yo sea mayor, ¿me pondré también ropa tan aburrida como esa? A lo mejor es que no queda más remedio. O a lo mejor cuando llegas a esa edad te parece bonita.

—¿Qué deseas? —repite la anciana.

—Tengo una pregunta —contesto, pero inmediatamente me corrijo—: Lo siendo, me permite hacerle una pregunta, señora.

Las arrugas se pliegan para formar una sonrisa. La anciana repite en voz bajita mi «señora», más para ella que para mí. Por un segundo su mirada parece atravesarme, pero enseguida aterriza de nuevo en el mundo.

—Pasa, pasa... —me dice—. Preguntando se llega a Roma.

Ahora no sé muy bien qué debo hacer. No se me había ocurrido pensar que alguien me invitara a pasar a su casa. Cuando vendemos bonos de ayuda y boletos para el sorteo del club, tenemos prohibido entrar en las casas. «No entréis nunca en casa de nadie. Esperad siempre en la puerta». Eso es lo que nos dicen en el colegio y en el club de fútbol. Y mi madre también me lo dice. Pero ahora entro en casa de esta señora.

—¿Quieres una tacita de té? —me pregunta.

A mí no me gusta el té, pero de todas formas contesto que sí. ¿Por qué? ¿Qué pinto yo bebiendo té con una extraña en una casa extraña?

La casa, por cierto, es extraña en los dos sentidos de la palabra. O al menos, diferente. Diferente a mi casa y a todas las demás casas que conozco. Es una casa de vieja. La casa de alguien que lleva una vida entera acumulando cosas y nunca ha tenido valor para tirar nada. Eso lo entiendo. A mí tampoco me gusta tirar las cosas. Sobre todo la ropa que me gusta. Si por mí fuera, no la tiraría nunca, aunque esté rota o me quede pequeña. Porque una vez que tiras algo, ya no lo recuperas nunca. Pero mis pensamientos tienen que volver al señor de las palomas. No puedo olvidar el motivo por el que estoy aquí.

En la cocina silba una tetera. La viejita me sirve una taza de té. Estoy sentado en una silla marrón con la tapicería muy gastada, delante de una pared llena de cuadros. En mi casa, encima del sofá hay una cabra con un violín. A mi madre le encanta esa cabra. El cuadro es bastante grande y la pared relativamente pequeña, pero aun así habría sitio para, yo qué sé, un ratón con un arpa o una vaca con una trompeta. Pero nada, la pared entera es para la cabra.

Aquí la cosa es distinta. No sé si habrá una cabra con un violín en esta pared, pero si hubiera alguna, lo más probable es que ni siquiera la viera, porque en total debe de haber más de cien cuadros, grandes y pequeños, todos muy juntitos. Casi todos los cuadros tienen un marco de madera y en muchos de ellos aparece el mismo señor con barba y pelo largo. Yo lo conozco. Es Jesucristo. En total hay diecinueve cristos en la pared y trece clavados en una cruz.

Ya vuelve la señora. Avanza muy despacio con una bandeja redonda entre las manos. En la bandeja hay dos tazas blancas con dos platitos blancos.

—En ese aparador —dice señalando con la nariz— hay una caja de galletas. Sácala, por favor, y ponla en la mesa.

Ya tenemos té y galletas. Es igual que en mi casa, pero con dos tazas de té en vez de una. Y si no me equivoco, sin cabra en la pared.

—Coge una galletita —me anima la señora—. Pero dime primero cómo te llamas.

—Gid.

—¿Gid?

—Sí.

—¿Es un nombre bíblico?

—No lo sé.

—Ah —suspira la mujer—. Yo me llamo Mina —dice—. Mina Trespiés.

Parece un nombre de cuento. ¿Dónde se ha visto a alguien con un nombre así? Cojo una galleta. Es de barquillo y está un poco rancia, justo lo que cabría esperar en una casa como esta.

—Y ahora tu pregunta —dice Mina Trespiés.

—¿Mi pregunta?

—¿No querías preguntarme algo, Gid?

Ah, sí, qué tonto. Quería preguntarle una cosa a esta mujer. Quería saber si conoce al señor de las palomas. El señor del banco de la plaza. Y si sabe dónde vive y dónde está ahora.

—Claro que lo conozco.

Mi corazón da un salto.

—¿Por qué quieres saberlo, Gid?

No sé si es por el sabor amargo del té y la galleta rancia o por la señora con nombre de cuento y una pared llena de cristos. Pero el caso es que le cuento a Mina Trespiés lo de mi fobia, lo de las clases de natación del colegio y el recorrido del autobús. Le cuento que siempre me siento al lado de la ventana. Le explico que el señor de las palomas es mi salvador, mi protector, mi ayudante silencioso, y que lleva tres semanas sin aparecer en su banco.

—Coge otra galleta —dice Mina Trespiés—. ¿O has repetido ya?

Le cuento lo de los chinos y le hablo de Simón. Le cuento lo de mis trucos para escabullirme de la clase de natación. Y le cuento que mi madre llama para decir que estoy enfermo cuando algún amigo me invita a una fiesta en una piscina o en un parque acuático.

—¿No has estado nunca en un parque acuático?

—Una vez.

Mina Trespiés me mira con arrugas de curiosidad.

—¿Y tan horrible fue?

11 BIG WAVE

Era domingo. Nos llevaron en dos coches grandes, dos Volvo azules. Uno era del padre de Bart y el otro de su madre. *Después de la fiesta te llevamos a casa*, ponía en la invitación. Y también: *Trae toalla y bañador*. Por el camino comimos chuches, pero yo ya estaba indispuesto desde mucho antes.

—¿Quién ha estado alguna vez en Waterworld? —preguntó el padre de Bart.

Yo iba en su coche. Se lo pasaba bomba adelantando al otro Volvo, dejándose adelantar y adelantándolo de nuevo. Así todo el rato. Y mientras tanto llamaba con el teléfono de su coche al teléfono del coche de la madre de Bart y gritaba: «¡Pardilla!», lo cual les hacía mucha gracia a los dos.

Todo el mundo había estado ya alguna vez en Waterworld. Menos yo. De alguna forma me las había arreglado para no ir ni una sola vez a lo largo de mis nueve años de vida y estaba dispuesto a pasar como mínimo otros nueve sin poner un pie en

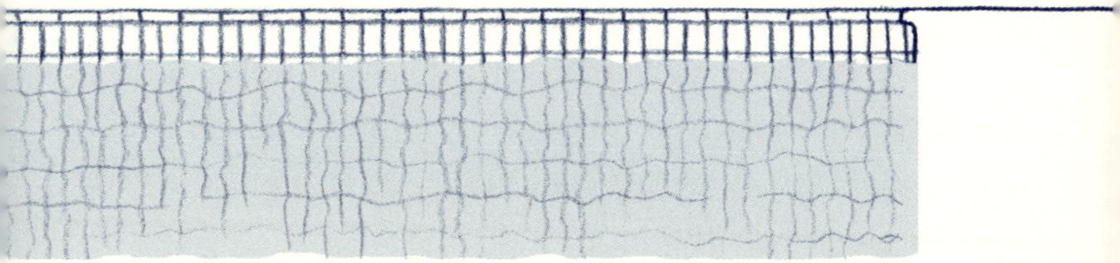

aquel lugar. Pero entonces surgió la fiesta de Bart. Waterworld no es una piscina, sino un paraíso acuático. Eso quiere decir que no tienes que limitarte a hacer largos, sino que también te puedes tirar por toboganes de todas las formas y tamaños, deslizarte por pistas con olas y remolinos y muchas otras cosas increíblemente absurdas, todas con mucha agua. Waterworld es el parque acuático más grande del país y tal vez de Europa. No puedo imaginar un sitio más horrible en el mundo entero.

—Por lo que cuentas, no parece un paraíso —dice Mina Trespiés.

—Pero así es como lo llaman.

—Continúa, Gid.

Al principio no me subía a ninguna atracción. Los padres de Bart se quedaron en dos tumbonas a tomar el sol y si te entraba hambre o sed tenías que ir adonde estaban ellos, porque habían llevado una bolsa enorme llena de cosas.

Yo no tenía hambre. Ni tampoco sed. Pero durante la primera hora no me moví de las tumbonas. Tamara, la hermana de Bart, también estaba allí, tumbada en una toalla al lado de la bolsa. Llevaba un bikini muy pequeño que apenas le tapaba las tetas. No sé por qué, pero no podía apartar la vista de aquel bikini.

—¿No te apetece bañarte? —me preguntó el padre de Bart.

—¿Quieres un Twix? —me preguntó la madre.

Les dije que me encontraba un poco indispuesto.

—Y nadar no es que sea lo tuyo, ¿verdad?

—No.

—Pues yo creo que has sido muy valiente por venir a pesar de que no te gusta nadar —dijo la madre de Bart.

Asentí con la cabeza, por hacer algo. Pero mientras no me metiera en el agua no demostraría mucha valentía.

—Tengo una idea —intervino el padre de Bart—. ¿Quieres que vayamos luego los dos juntos a echar un vistazo a la piscina de olas?

Contesté que vale. Pero en el fondo no quería ir. Todavía no entiendo por qué a veces digo que sí cuando lo que quiero decir es que no. Hace falta ser tonto. Pero no lo puedo evitar. Es más fuerte que yo.

De modo que me fui con el padre de Bart a la piscina de las olas. Él se reía y hacía bromas. Faltaban unos minutos para que activaran las olas. Yo no quería meterme. Pero me metí de todas formas.

—¡Allá vamos! —exclamó el padre de Bart.

La primera ola venía hacia nosotros. Era una ola pequeñita. En el fondo comprendía por qué a la gente le gustaba aquello. Era igual que en el mar. No me dio miedo y no tuve ningún problema para mantenerme en pie al llegar la primera ola. Ni las dos siguientes.

—¿Es divertido o no? —me preguntó el padre de Bart.

Contesté afirmativamente con un gesto de la cabeza. Y era verdad. Las olas no me daban miedo y hasta me gustaban un poco. Poco a poco fueron ganando altura, pero en ningún momento llegaron a ser peligrosas. Con las olas más altas, el padre de Bart me levantaba por los aires y eso era lo que más me gustaba. De repente pensé cómo sería mi vida si él fuera mi padre. Entonces seguro que sabría nadar muy bien. Pero el padre de Bart y mi madre jamás se habrían enamorado. Y además, yo no habría nacido.

—¿Qué tal? —preguntó la madre de Bart cuando volvimos—. ¿Os habéis divertido?

El padre de Bart dijo que la piscina de las olas era una gozada y yo dije que ahora sí que quería un Twix.

—Y luego a divertirte con los demás, ¿eh? —dijo el padre de Bart.

Justo en ese momento llegaron los otros. Todos se fueron directamente hacia la bolsa de las chuches y en menos que canta un gallo todo el mundo tenía una cocacola y un Twix en las manos. Job era capaz de decir su nombre y apellido con un solo eructo. Una habilidad asombrosa. Y una guarrada.

—¡Imbécil! —exclamó Tamara.

Job había dicho algo sobre su bikini, pero yo no lo oí bien.

—Gid —dijo Bart—, luego te vienes con nosotros, ¿no?

—Por supuesto —contestó por mí su padre guiñándome un ojo.

Yo contesté que sí.

Ese «luego» llegó en cuanto todo el mundo se terminó su cocacola y su Twix. Irme con el grupo fue uno de los mayores errores de mi vida. (Y casi el último).

—¡Vamos otra vez al Thunderball! —propuso alguien.

—¡No, al Hurricane!

—¡O a las burbujas!

Al final decidieron ir al *Bic Güeif*, que en realidad se escribe Big Wave, pero se pronuncia *Bic Güeif*.

—El Big Wave es una pasada —afirmó Bart.

Nos pusimos a la cola. Había mucha gente esperando.

—Aquí se ahogó una vez una niña —dijo Job—. ¿No lo sabíais?

Yo no lo sabía y pregunté cómo era posible. Entonces Job me explicó cómo funcionaba el Big Wave.

Primero hay un tobogán, no muy largo ni muy peligroso, pero superrápido. El tobogán acaba en una especie de embudo con un agujero en el fondo. Después de dar dos vueltas a toda velocidad en el embudo, caes por el agujero.

—Lo más importante es no golpearte la cabeza en el embudo, porque entonces la pringas.

Después del embudo hay un túnel muy largo y estrecho, todo el rato recto. En ese túnel hay que ir medio nadando y medio andando, y al principio parece que está todo controlado. Pero al cabo de un rato el agua empieza a agitarse con fuerza y, cuando miras hacia atrás, ves lo que se te viene encima: la megaola. O sea, la *bic güeif*.

—Es una pedazo de ola que arrasa con todo —explica Job.

—Pero no te puedes ahogar, ¿no?

—Claro que sí —contesta Job—. Si te das un golpe en la cabeza en el embudo puedes quedarte inconsciente y no ves llegar la ola. Muerte segura.

—¿Pero cómo te vas a morir por eso?

—Pues muy fácil. Te entra agua en la boca y te ahogas.

La cola iba avanzando. Todavía estaba a tiempo de irme, pero me quedé en mi sitio. No porque quisiera hacerme el valiente ni por sentirme parte del grupo, sino porque casi no podía moverme. Estaba paralizado por el miedo.

—Tienes que decirle al señor que ya tienes el diploma B —me dijo Bart—. Si no, no te dejan entrar.

Miré hacia la entrada del Big Wave, donde estaba el señor al que se refería Bart. Seguro que lo habían puesto ahí desde de que se ahogó la niña esa. Para garantizar la seguridad. (Así es como se dice).

—Mola mazo —aseguró Job—. Te echas unas risas.

Ya le tocaba entrar. El señor de seguridad le tapó el pendiente con un esparadrapo, porque si se le enganchaba en algún sitio se quedaba sin oreja. Job miró hacia nosotros con una gran sonrisa.

—¿Estás seguro de que quieres entrar? —me preguntó Bart.

Esa era mi segunda oportunidad para escapar. Pero no lo hice. Me limité a asentir con la cabeza sin moverme del sitio.

Le tocaba a Bart. Después de él iba yo. Y detrás de mí había por lo menos veinte personas más esperando. De repente me acordé de una película que había visto una vez. Un chico se subía a un trampolín muy alto, pero cuando ya estaba arriba no se atrevía a tirarse. Poco antes de que fuera su turno decidía bajarse, pero había mucha gente en la cola y tenía que molestar a todo el mundo. Los demás lo miraban con cara de «vaya miedica». Pero mi madre, que estaba viendo la peli conmigo, dijo que ese chico en realidad era muy valiente. Entonces supe que yo jamás me tiraría desde un trampolín tan alto.

Ahora estaba junto a la entrada del Big Wave con el mismo problema que el chico de la película. Bart desapareció por el trampolín. Había llegado mi turno. En aquel momento, allí, en el primer puesto de la cola, hubiera querido ser invisible y poder caminar por encima de las cabezas de la gente que estaba esperando sin que nadie notara nada.

Di un paso al frente. El señor de seguridad me agarró del brazo.

—Espera —me dijo—. ¿Tú tienes el B?

Aquella era mi tercera oportunidad. Y ya sabes: a la tercera va la vencida...

—Jesucristo caminó sobre el agua —dice Mina Trespiés.

Sí, eso ya lo había oído alguna vez. Pero ¿por qué lo hizo? ¿Acaso no sabía nadar? ¿O quería demostrar algo? Yo también tengo siempre algo que demostrar. Pero para Jesucristo era más fácil, porque seguro que no tenía que sacarse un diploma.

Mina Trespiés bebe un sorbo de té, que a todo esto se ha quedado frío. Se hace un silencio muy largo.

—Es una historia muy bonita, Gid —dice por fin mi anfitriona.

¿Se refiere al Waterworld o a Jesucristo? Yo casi no sé nada de Jesucristo. Y mi historia todavía está a medias.

—Todavía no he terminado.

—Sí, ya lo sé —contesta Mina—. Al final te metiste en esa atracción y no te pasó nada. Porque si no, no estarías aquí.

No es cierto. Es verdad que no me pasó nada, pero es que tampoco pudo pasarme nada. Porque el señor de seguridad no era tonto. Sin el B no hay Big Wave que valga.

—Eres un jovencito muy valiente —asegura Mina Trespiés.

¿Habrá comprendido que no llegué a entrar? A lo mejor sí. Y, sin embargo, cree que soy muy valiente. Igual que mi madre con el chico de la película. Al final me lo voy a acabar creyendo. Aunque sin el señor de las palomas no soy capaz de encontrar en mi interior ni un gramo de valentía.

—¿Sabe usted dónde está? —le pregunto.

—¿Quién? ¿Jesucristo?

—No, el señor de las palomas.

—Ah, claro —dice Mina Trespiés.

Pero no, lleva varias semanas sin ver a mi salvador. Muchas más de tres.

—Antes venía a la plaza todos los días —explica—. Pero hace meses que no lo veo.

Le pregunto si sabe cómo se llama, si puede describirlo físicamente y si sabe dónde vive.

—Uy —suspira Mina Trespiés—. Cuántas preguntas para tan pocas respuestas.

—Pero usted lo conoce, ¿no?

—De vista, corazón. De vista.

Mina Trespiés me llama «corazón», lo cual me hace sofocarme un poco.

—¿Sabes a quién le podrías preguntar? —dice de repente—. Al señor De Beer, el pintor. Vive en el número 28 y hace retratos de todo el mundo. Pero Gid, corazón, yo me temo lo peor.

¿Qué acabo de oír? Sé muy bien lo que ha querido decir con eso, pero no puede ser verdad. Si fuera cierto, ya puedo dejar de buscar.

Mina Trespiés asegura que al final todos vamos al cielo. Pero lo dice de una forma muy rara, como si no hablara conmigo. Al cabo de unos segundos vuelve al planeta Tierra.

—Corre, corazón, no pierdas más tiempo. Me alegro de haberte conocido.

En poco más de un minuto me ha llamado tres veces «corazón».

—Y mucha suerte con el diploma, corazón.

Cuatro.

Próxima parada, el número 28. La casa del señor De Beer.

BOELE DE BEER

12

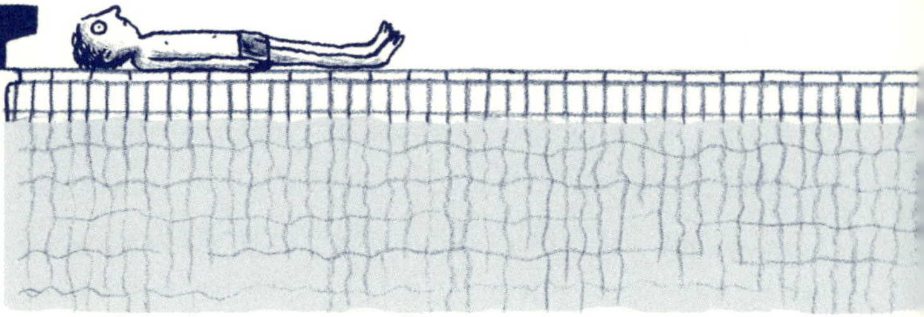

Música. Oigo música. La puerta está abierta unos centímetros y una brisa arrastra notas de violín hacia fuera. Suena bonito, pero también triste. Los violines me recuerdan el entierro de mi abuelo. En el cementerio también había violines y la música hizo llorar mucho a mi madre. Y como ella lloraba tanto, yo también me puse a llorar. Ella me sentó en su regazo y yo apoyé la cabeza en su pecho. Su corazón parecía un pequeño tambor. Bum-bum, bum-bum. Seguía el ritmo de la música.

Al lado de la puerta hay un letrero dorado. *Boele de Beer*, pone. Y debajo: *Pintor*. Yo no sé si se debe llamar al timbre cuando la puerta está abierta. A lo mejor el señor De Beer ha dejado la puerta abierta porque está harto de oír el timbre. O porque hay un bebé durmiendo. O porque el timbre no funciona. O porque todo el mundo está invitado a entrar.

Empujo un poco la puerta. Los violines se oyen ahora más alto. Su sonido va *in crescendo* (así es como se dice).

—¿Hola? —digo, no demasiado fuerte (por el bebé), pero tampoco demasiado bajo (por los violines).

—¡Adelante! —se oye claramente desde el interior de la casa.

Aquí no tiene pinta de que haya ningún bebé durmiendo. ¿Debo entrar otra vez en casa de un desconocido? Mina Trespiés no me ha envenenado ni me ha metido en una cazuela con sopa hirviendo. Y eso que por el nombre y la edad podría ser perfectamente una bruja. Además, Mina conoce a Boele de Beer, de modo que la probabilidad de que este señor haga cosas raras conmigo es muy pequeña.

Me decido a entrar. El suelo está cubierto de periódicos. Se podría decir que los periódicos son el suelo. Es imposible ver qué hay debajo de ellos, excepto más periódicos.

—¡Estoy aquí!

La voz de Boele viene del mismo lugar que los violines. Al cruzar la puerta, aparezco en un pequeño museo. Hay cuadros en las paredes. Hay cuadros en el suelo. Hay cuadros apoyados contra los cuadros que hay en el suelo. Y en el centro de la sala hay un hombre junto a un caballete con un cuadro. Ese hombre, obviamente, es el señor De Beer. El cuadro del caballete está sin terminar. Es el cuadro en el que está trabajando en este momento.

—Buenos días —dice sin levantar la mirada del pincel—. ¿En qué puedo ayudarte?

Boele de Beer es pintor y tiene pinta de pintor. No es que yo entienda mucho de eso, pero si alguien me preguntara cómo es un pintor, yo describiría a alguien como Boele de Beer. Tiene el pelo largo y rizado y lleva gafas. Su camisa está cubierta de manchas de pintura y su pantalón de color marrón está lleno de agujeros. Boele no lleva zapatos ni calcetines y mueve los dedos de los pies al ritmo de su pincel.

Ya me dispongo a preguntarle por el señor de las palomas cuando algo atrae mi mirada hacia el fondo de la sala. Sin decir nada, me acerco hasta allí, miro bien y compruebo que no me he equivocado. No es un cuadro muy grande que digamos. De hecho, es bastante pequeño. En la pared de Mina Trespiés no me habría llamado la atención. Pero aquí, sí. Aquí era imposible no verlo.

Es un cuadro de la plaza y el banco. Boele de Beer ha pintado lo que se ve desde su ventana. Tal cual. Unos cuantos patos en el estanque, dos farolas, una papelera y, por supuesto, el banco.

—Estoy buscando a este señor —le digo señalando su cuadro.

Boele de Beer deja su pincel y se acerca a mí. Juntos miramos el cuadro.

—El señor de las palomas —murmura el pintor.

—¡Exacto!

Los violines hacen un *crescendo*, pero Boele niega con la cabeza.

—Hace ya un tiempo que no lo veo. No tengo ni la más remota idea de dónde puede estar.

Le pregunto si lo conoce, porque Mina Trespiés dice que él pinta a toda la gente del barrio.

—¿Quién?

—Mina —contesto—. Trespiés. La señora de la puerta azul y la ventana azul.

Boele sonríe.

—Ah, la buena de Mina —dice moviéndose por la sala—. La vieja viuda.

Se le ha quedado un trozo de periódico pegado a la planta de un pie. Por la pintura.

—Tiene usted un trozo de periódico pegado en el pie —le digo.

Él se lo mira y asiente.

—Así es —contesta con indiferencia.

Jesucristo caminó sobre el agua y Boele camina sobre periódicos. Se hace un silencio. Los violines continúan con su lenta y melancólica melodía.

—Es un cuadro muy bonito —digo por fin.

—¿Cuál?

—Bueno, todos son muy bonitos. Pero me refería al del señor de las palomas.

Boele se acerca al cuadro, lo descuelga de la pared y se lo pone debajo del brazo.

—Tú y yo tenemos que tomar un café.

—El café es para los adultos —contesto.

—Mi café no. Ven.

Boele sale de la sala con el cuadro debajo del brazo y el trozo de periódico pegado en el pie. Los violines tocan las últimas notas. Por hoy ya han terminado.

Sigo al pintor por el pasillo.

El café de Boele de Beer es leche caliente con una gotita negra y amarga que ni siquiera se nota.

—Es más que nada por darle un poco de color —explica—. A mí me gustan los colores.

Estamos sentados en la cocina. Boele ha puesto el cuadro encima de la mesa, apoyado contra la pared, y lo observa.

—No tiene color —murmura.

Yo no digo nada porque tengo la boca llena de chocolate. Boele acompaña el café con chocolate. Una barra grande de chocolate blanco con almendras.

—Cuéntame. ¿Para qué diablos necesitas al señor de las palomas?

No sé si es por el sabor amargo del café, por el chocolate blanco o por este pintor tan raro que vive en una casa llena de periódicos viejos, pero le cuento lo que no le había contado nunca a nadie, excepto a Mina Trespiés media hora antes.

—Come más chocolate —dice Boele—. El chocolate te da energía.

Le hablo de Chon, mi monitor. Le hablo de los pequeñajos de quinto y de Simón, que se puso a llorar porque yo era el único que no podía hacer el examen del diploma B. Y le explico por qué no voy a conseguir nunca mi diploma de natación.

—Sin diploma nadie flota en el agua —dice el pintor.

—Excepto Jesucristo.

—Ni siquiera él.

—Pero en una barca todo el mundo flota.

Boele asiente.

—Sí, en una barca sí, claro. Pero no creo que te dejen hacer el examen en una barca, ¿no?

Contesto que no y cojo otro trozo de chocolate. Porque el chocolate me da energía.

13

UNA BARCA HINCHABLE

Antes íbamos siempre de vacaciones con mi tía Noor, mi tío Bengt y mis primitas Janna y Sofía. En realidad no debería llamarlas primitas, porque, que yo recuerde, siempre han sido más mayores y más altas que yo. Y eso es algo que no va a cambiar nunca. Mis primas son tan altas porque mi tío Bengt es un gigante sueco. Mi tía Noor lo vio una vez que miró hacia arriba durante unas vacaciones y se enamoró de él a primera vista. Y así fue como Bengt se convirtió poco después en mi tío. Luego se fueron los dos a vivir juntos a Suecia.

Allí es donde nacieron Janna y Sofía. Su gigantesco padre las enseñó a nadar en su propio lago, porque en Suecia todo el mundo tiene un lago particular. Allí es lo más normal del mundo.

Hace cinco años se vinieron los cuatro a vivir a Holanda. A mi tía Noor le había entrado un poco de morriña y mi tío Bengt tenía curiosidad por probar las albóndigas holandesas. Cuando llegaron,

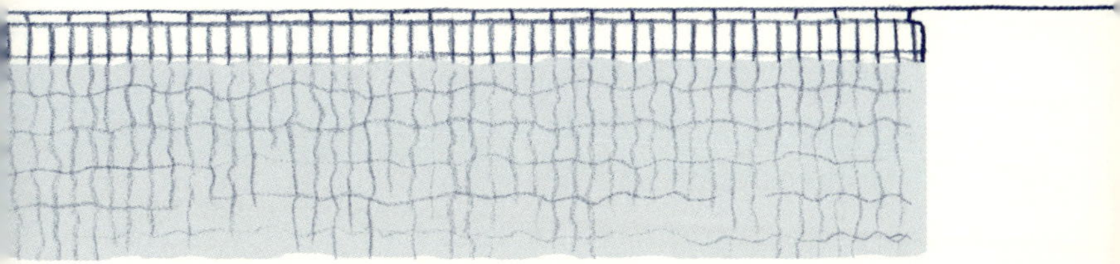

Janna y Sofía se sacaron un diploma de natación detrás de otro, lo cual se explicaba, naturalmente, por todo lo que habían aprendido en el lago aquel de Suecia. Pero según Janna también por su padre.

—Todos los suecos saben nadar muy bien —me dijo, y desde aquel momento estoy seguro de que mi padre no es sueco.

Estuvimos todos juntos en Terschelling. En Terschelling hay mucha agua, porque es una isla, y las islas tienen mar por todas partes. Mi tía Noor y mi tío Bengt tenían allí una casita de vacaciones y se les ocurrió que podíamos ir mi madre y yo en verano a pasar unos días con ellos, de modo que eso fue lo que hicimos. Y no una vez, sino tres años seguidos, porque nos lo pasábamos muy bien todos juntos.

Un día de calor, hacia finales del primer verano, mis primas y yo empezamos a dar la paliza con que queríamos una barca. Habíamos visto una barca hinchable en una tienda. Era muy grande, muy bonita y, sobre todo, muy cara. Mis primas querían aquella barca a toda costa y a mí, de alguna manera, también me parecía una idea genial. Mientras los demás nadaban a mi alrededor, yo podría quedarme tranquilamente en la barca, seco y fuera de peligro. La barca tenía remos de verdad. Mis dos primas, las sirenitas suecas, podrían subir a la barca de vez en cuando a secarse, y yo me encargaría de remar. A fin de cuentas, remar no podía ser muy difícil.

Allí, en aquella tienda, tuve de pronto la certeza de que esa barca era lo único que podía hacer que las vacaciones fueran perfectas. Mis primas pensaban exactamente lo mismo que yo, y entre los tres llegamos a la conclusión de que todo lo que hiciéramos a partir de aquel momento sería estúpido, aburrido y sin gracia si no conseguíamos que nos compraran la barca hinchable.

Janna y Sofía creían que con su padre teníamos más posibilidades, de modo que lo intentamos primero con mi tío Bengt.

—Tenemos que poner cara de angelitos —dijo Janna— para que mi padre solo pueda pensar en lo mucho que nos quiere.

Parecía una buena idea, pero mi tío Bengt tenía otras cosas en la cabeza, en concreto, panecillos de canela, un pollo asado y una ensalada de macarrones.

—Preguntadle a vuestra madre —fue su respuesta.

Yo no entendí lo que dijo, porque mi tío todavía no hablaba casi holandés. Mientras hablaba, cortó otro trozo enorme de queso de oveja y se lo metió en su boca de gigante. Total, que nos fuimos los tres a buscar a mi tía Noor.

—Ahora tienes que preguntar tú —me dijo Janna—. A ti seguro que te hace más caso.

Sonaba lógico, porque la tía Noor me tenía mucho cariño. Se pasaba todo el rato diciendo que soy un sol y cosas de esas. A Janna y a Sofía, como es natural, también les tenía mucho cariño (seguramente más que a mí), pero a mí solo me veía unas cuantas veces al año y durante todo el tiempo que estuvo en Suecia no me había visto ni una sola vez. Cuando no ves nunca a alguien, es difícil conservar el mismo nivel de cariño y por eso ahora a mí es como si me tuviera un cariño extra.

—¿Tía Noor?

—¿Qué quieres, Gid?

—Hemos visto una barca.

—¿Qué barca?

Le expliqué que estaba en la tienda, ya hinchada y con remos de verdad. Que era muy bonita y que nos gustaría mucho tener una barca como esa.

Janna y Sofía asentían a mi lado.

—Queremos esa barca, mami —dijo Janna—. Por encima de todo. De verdad.

Mi tía Noor dijo que lo entendía y se fue a consultarlo con su hermana. O sea, con mi madre.

Janna, Sofia y yo también comprendíamos que una barca hinchable no es algo que te compren así como así, de modo que nos pusimos a rezarle a

Dios mientras nuestras madres hablaban. Fue idea de Janna, y tal como lo hacían ellas parecía una cosa muy normal.

—Querido Dios —empezó Janna—. ¿Sería usted tan amable de hacer algo para que nos compren esa barca a Sofía y a mí?

—Y a mí —añadí yo.

—Y a Gid —corrigió Janna.

Terminaron diciendo las dos a la vez «amén» y me dijeron que yo también tenía que decirlo.

—Amén —dije yo.

—Perfecto —sonrió Janna.

Aquella fue la primera vez que recé en mi vida. Y también la última. Para las clases de natación no lo hago nunca, porque ya no creo. Porque el rezo ese para que nos compraran la barca no sirvió para nada.

Mi madre y mi tía Noor vinieron a comunicarnos el resultado de sus deliberaciones, que para mis primas y para mí fue una gran decepción. Nos dijeron que nos comprarían la barca cuando los tres tuviéramos el diploma A. No querían que sus hijos se ahogaran, y subirse a una barca de esas sin diploma les parecía demasiado peligroso. Por eso proponían aquella solución.

Janna y Sofía dijeron que no les parecía justo. Ellas hacía tiempo que sabían nadar y no tenían la culpa de que yo no tuviera todavía ningún diploma de natación.

—Pues entonces la barca es solo para Sofía y para mí —propuso Janna.

Pero mi tía Noor contestó que eso tampoco era justo.

Conclusión, que aquel verano no hubo barca. Cuando nos despedimos, al final de las vacaciones, tuve que prometerles a mis primas que me sacaría el diploma lo antes posible para que nos compraran la barca hinchable cuanto antes.

—Tampoco es tan difícil —dijo Janna.

Yo asentí y prometí hacer un esfuerzo. Pero en aquella época todavía no me atrevía ni siquiera a meterme en el agua con ropa, así que lo del diploma iba a llevar su tiempo. Y efectivamente, llevó su tiempo.

Durante tres veranos seguidos fuimos todos a Terschelling. Y durante tres veranos seguidos no nos compraron la barca. Por mi culpa.

Cuando por fin me saqué el diploma A estábamos en pleno invierno y mis tíos ya habían vendido la casita de Terschelling, porque se volvieron otra vez a Suecia. Mi tío Bengt había llegado a la conclusión de que las albóndigas suecas estaban más ricas que las holandesas.

—Lo siento por lo de la barca —les dije a mis primas.

Sofía se encogió de hombros.

—No importa —contestó—. ¿Verdad, Janna?

—No —confirmó Janna—. No importa. En Suecia tenemos nuestro propio lago y una barca de verdad, con bancos para sentarse y un motor.

—Qué pasada —dije yo.

Por si acaso, les pregunté si no estaban enfadadas conmigo. Dijeron que no. Janna me aseguró que yo era el holandés más guay que conocía, y Sofía estaba de acuerdo con ella.

—Deberías hacerte marinero —dice Boele.

—¿Por qué?

—Porque yo lo digo.

Esa podría ser una razón. Pero no lo entiendo. Los marineros se pasan la vida rodeados de agua.

—Porque le tienen miedo al agua —asegura él—. ¿Por qué crees que me hice yo pintor?

—¿Le tiene usted miedo a los cuadros?

—Háblame de tú —dice Boele sacudiendo la cabeza—. Y no, por el amor de Dios, cómo me van a dar miedo los cuadros.

—¿Entonces?

—Me da miedo mostrar mis sentimientos.

—¿Y por eso se hizo usted pintor?

—Tú.

—¿Yo?

—No, digo que me hables de tú, no de usted —insiste el señor De Beer—. Y sí, me hice pintor para vencer ese miedo.

Esto es una conversación muy rara. Me quedo pensando un buen rato en lo que acaba de decir Boele. Creo que lo entiendo, pero su consejo no me sirve de nada, porque yo no quiero ser marinero. Ni ahora ni nunca. Yo lo único que quiero es sacarme el diploma B y después no volver a tener que nadar en mi vida.

El cuadro sigue encima de la mesa. Es muy bonito. Se reconoce todo al instante: la plaza, el banco, el señor de las palomas. También hay una señora con un carrito de bebé. Hasta ahora no la había visto. Es como si se hubiera metido en el cuadro mientras Boele y yo estábamos aquí en su cocina tomando café.

—¿Quién es esa? —le pregunto.

Boele mira el cuadro. En su mirada hay algo que no había visto todavía. Parece Mina Trespiés pensando en el cielo.

—Esa —dice señalando el cuadro con un dedo manchado de pintura—, esa es la mujer más guapa del mundo.

Por su voz y su mirada sé que lo dice porque lo piensa de verdad. Para ser alguien que no se atreve a mostrar sus sentimientos no está nada mal.

—¿Cómo se llama?

El brillo desaparece de sus ojos.

—No lo sé —contesta.

No entiendo nada. ¿Cómo es posible que la mujer más guapa del mundo pase por delante de su ventana y aparezca en su cuadro empujando un carrito, pero no sepa cómo se llama? ¡Cualquier otro se lo preguntaría!

—Pero yo no —dice él.

Aquella mujer pasa todos los días por la plaza, me explica. A veces se sienta en el banco y a veces pasa de largo. A veces saluda a Mina, que mira la plaza desde detrás de su cortina. Y muy de vez en cuando sonríe a Boele y a sus cuadros.

—Estoy enamorado.

—Pero ella no lo sabe —añado yo.

Y él quiere que siga sin saberlo.

—Ya hay un hombre en su vida —se justifica—. ¿No ves el carrito de bebé?

Yo le digo que el hecho de que una mujer tenga un hijo no significa que también haya un hombre en su vida.

—Se dice «madre soltera por elección».

Sí, Boele ya lo sabe. Pero no cree que sea el caso. La mujer más guapa del mundo hace mucho que tiene que estar comprometida.

—Nunca se sabe —le digo—. Deberías charlar alguna vez un rato con ella.

Boele niega con la cabeza. Dice que no se atreve. Ni siquiera cuando le aseguro que no puede ocurrir nada malo.

—Tú no tienes derecho a hablar —me espeta.

En eso tiene toda la razón. Sin mi protector yo tampoco me atrevo a casi nada. No soy un ejemplo de valentía que digamos.

—¿Tú crees que ella conoce al señor de las palomas? —le pregunto.

—Estoy seguro. Muchas veces se sentaba a su lado y charlaban un rato.

¡Por fin! Le pregunto que dónde y cuándo puedo hablar con la mujer más guapa del mundo. Boele mira el reloj que hay encima de la puerta de la cocina.

—Espera diez minutos más y la verás pasar por la plaza.

Según él, pasa todos los días a la misma hora con su hijo. Mi madre diría que es una mujer muy puntual. Pero ahora tengo que hacer pis. Es lo que pasa cuando bebes tanto té y tanto café. Boele me indica dónde está el baño. El cuarto de baño es otra sala de su museo. Todo es de color rosa, incluso el asiento del váter y el papel higiénico. Encima del váter hay un cuadro. Es un retrato de Mina Trespiés con una sonrisa que no le había visto antes. «Forzada» sería tal vez la mejor palabra para definirla. El cuadro, sin embargo, está muy logrado.

—Qué cuarto de baño más bonito —le digo a Boele—. Rosa.

—Sí. Me pareció gracioso poner a la buena de Mina en el baño.

Por delante de la ventana pasa una mujer con un niño cogido de la mano, un chiquillo que camina balanceándose. Me basta mirar a los ojos a Boele para saber quién es.

Me voy corriendo a la calle.

14 LA MUJER MÁS GUAPA DEL MUNDO

—¿Señora, puedo hacerle una pregunta?

La mujer más guapa del mundo suelta al niño y se da la vuelta. Sí, es muy guapa. Si Boele no se hubiera enamorado de ella primero, a lo mejor me enamoraba yo. Aunque es demasiado mayor para mí, claro. O yo demasiado pequeño para ella.

La mujer más guapa del mundo lleva una falda y una blusa, igual que Mina Trespiés, pero las suyas son tan distintas que habría que ponerles otro nombre. Superfalda o algo así. Y superblusa. Así se sabría directamente la diferencia. Son la falda y la blusa más bonitas que he visto en mi vida. Azul y verde con estrellitas brillantes. ¿Se pondrá la mujer más guapa del mundo también ropa aburrida cuando sea mayor? No creo.

—¿Acabas de salir de esa casa? —me pregunta señalando en dirección del pequeño museo de Boele de Beer.

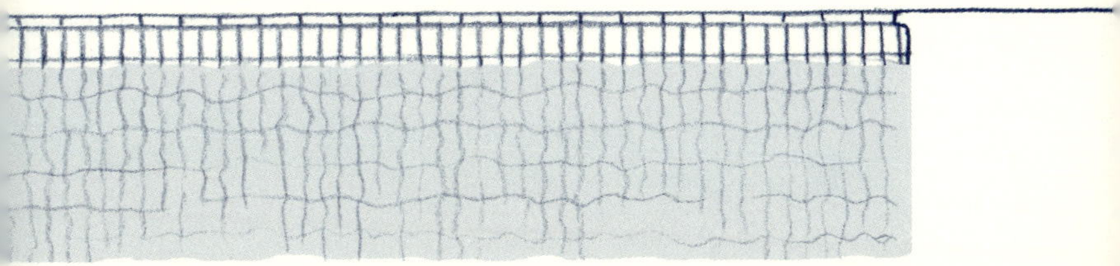

Miro hacia atrás y veo al pintor que se esconde rápidamente detrás de su caballete. Nos está espiando disimuladamente por el borde del lienzo. Su enorme melena de rizos no cabe entera detrás del cuadro. Una estampa muy graciosa.

—¿Es esa la casa del pintor? —pregunta la mujer más guapa del mundo.

—Sí —contesto—. Boele de Beer.

—¿Por qué se esconde?

—No lo sé.

De repente, el niño se cae de culo y se pone a llorar. La mujer más guapa del mundo lo levanta del suelo y lo envuelve entre sus brazos.

—¡Ay, pobrecito! ¿Te has caído? ¿Te has hecho daño? —le pregunta cubriéndolo de besos.

El niño sonríe y ya no sabe ni por qué lloraba.

—Perdona —dice la mujer más guapa del mundo volviéndose hacia mí—. ¿No me querías preguntar algo?

Le pregunto si tiene prisa y me dice que no.

—¿Nos sentamos en el banco?

La mujer más guapa del mundo no entiende nada, pero le parece bien. Vuelve a poner al niño en el suelo y caminamos los tres juntos hacia el banco.

—Bueno —suspira la mujer más guapa del mundo.

—Bueno... —suspiro yo.

Ella se ríe.

—¿Qué querías preguntarme?

No sé si es por la mujer más guapa del mundo, por el niño o por el banco en el que estamos sentados, pero le cuento todo lo que puedo contarle: lo de mis clases de natación, mi salvador y mi búsqueda, lo de la idiota esa de Dorina, el té de Mina Trespiés y el café de Boele de Beer. Y hasta lo de la barca hinchable y lo del Big Wave en la fiesta de Bart. Es decir, se lo cuento todo. Todo menos que Boele está enamorado de ella.

—Menuda historia —dice la mujer más guapa del mundo cuando por fin acabo.

Me ha escuchado todo el rato con su pequeñín sentado en el regazo.

Yo le digo que la cosa todavía no ha terminado. Que primero tengo que encontrar al señor de las palomas. Y que a lo mejor ella puede ayudarme.

—¿Sabe usted cómo se llama? —le pregunto—. ¿Y sabe por casualidad dónde vive?

La mujer más guapa del mundo sonríe.

—Por supuesto —contesta—. Claro que lo sé.

De pronto siento un extraño cosquilleo en el estómago. Cuando llevas tantas semanas sin saber nada de alguien, no te esperas encontrarlo así de repente, de forma tan fácil y rápida. ¡Pero la mujer más guapa del mundo conoce al señor de las palomas y sabe dónde vive!

Se llama Raas. El viejo señor Raas. Hay que seguir esa calle de ahí y tomar la primera a la derecha. Su casa es la última de la manzana. Imposible no reconocerla. La casa del viejo señor Raas —¡el señor de las palomas!— es distinta a todas las demás.

—Todavía tengo otra pregunta.

—Tú dirás.

—¿Es usted una madre soltera por elección?

La mujer más guapa del mundo me mira extrañada.

—Eh... sí, soy soltera.

—Ya, pero ¿por elección?

Ahora se toma algo de tiempo para pensar.

—Elegí de forma consciente no casarme con el padre de mi hijo —dice finalmente—. Pero no he elegido de forma consciente no casarme con el hombre de mis sueños.

Esa respuesta parece un trabalenguas. Le pregunto que quién es el hombre de sus sueños.

—Ojalá lo supiera —contesta la mujer más guapa del mundo—. Ven, pequeñín —le dice a su hijo—. Tenemos que irnos.

Antes de marcharse me desea suerte con mi diploma de natación.

—Y con el viejo señor Raas —añade—. Te hará falta, porque ese hombre tiene su propio manual de instrucciones.

Eso suena preocupante.

—Yo no tengo ese manual de instrucciones —le digo.

—No importa —me asegura la mujer más guapa del mundo—. Cuando estés allí sabrás lo que tienes que decir.

—¿Y cómo lo voy a saber?

Ella vuelve a sonreír y ahora ya no me cabe ninguna duda de que Boele tiene razón: es la mujer más guapa del mundo.

—También supiste lo que tenías que decirle al señor de seguridad del Big Wave.

—Le dije que ya tenía el diploma B.

—Pero no te creyó.

—No.

—A lo mejor no te creyó porque en el fondo no querías que te creyera.

Eso es verdad. Para que un «sí» suene como un «no» hay que hacerlo muy bien. Y el «sí» con el que yo contesté la pregunta de aquel señor sonó como el mayor «no» de la historia. Todo el mundo se dio cuenta. Y por eso no pude entrar en el Big Wave.

—Yo creo que demostraste una habilidad especial —dice la mujer más guapa del mundo—. Y comparado con aquello, hablar con el viejo señor Raas te resultará muy sencillo.

Me quedo pensando en lo que ha dicho. No le falta algo de razón. No es fácil hacer que un «sí» suene como un «no». Visto así, se podría decir que soy un niño prodigio con un don excepcional.

La mujer más guapa del mundo se aleja con su hijo. Yo vuelvo la mirada hacia la casa de Boele de Beer, que sigue escondido detrás de su caballete. Pero yo sé que me está viendo. Entonces señalo a la mujer más guapa del mundo y le muestro un pulgar hacia arriba al pintor. Parezco un monitor de natación. Boele asoma por fin la cabeza detrás de su lienzo y sonríe.

Supongo que el pintor ha entendido que por fin he encontrado al señor de las palomas. O a lo mejor sonríe simplemente porque está enamorado.

LA CASA MÁS FEA DEL PAÍS

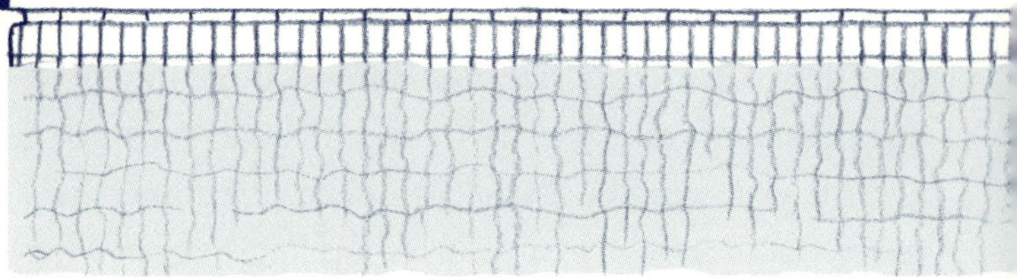

Ya estoy donde tengo que estar. Efectivamente, es imposible no reconocerla. Esta casa es sin duda la más fea de la calle. Y del barrio. Tal vez incluso de toda la ciudad. Las paredes están sucias y en muchos sitios faltan trozos de piedra, como si un monstruo tragacasas le hubiera dado un mordisco a la fachada.

Los marcos de las ventanas son de un plástico que originalmente debió de ser blanco, pero que parece marrón de tanta mugre que tiene. La puerta estuvo pintada hace mucho, muchísimo tiempo. Pequeñas escamas de pintura verde permiten intuir el color que debió de tener algún día. Aunque también podría ser moho. En la parte de abajo de la puerta hay una abolladura. O una grieta. O un corte. No, una herida. Como si alguien le hubiera estado dando patadas a la puerta hasta que la pobre empezó a crujir de dolor. No hay duda: esta es la casa más fea del país.

El viejo señor Raas tiene su propio manual de instrucciones y a mí nadie me lo ha dado. Pero a

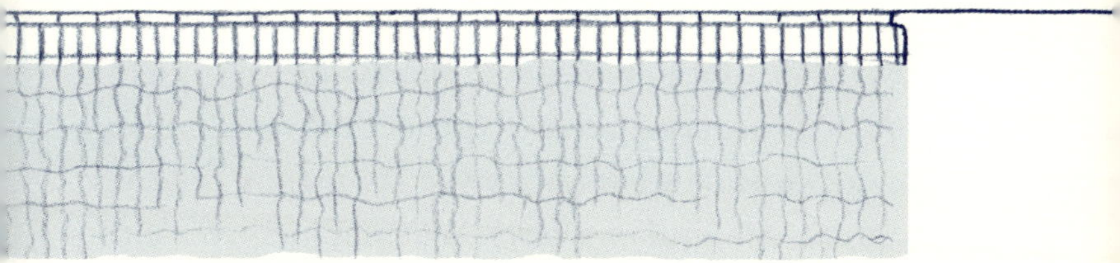

pesar de todo llamo a la puerta. El timbre está pegajoso. En el interior suena un ring que dura más tiempo del que he tenido apretado el timbre. Mucho más. Luego se hace el silencio.

No oigo nada. A lo mejor el señor de las palomas no está en casa. Vuelvo a llamar. De nuevo suena ese ring pegajoso y prolongado. Y a continuación se vuelve a hacer el silencio. Es imposible no oír ese timbre, por muy viejo que seas y por muy sordo que estés. Ni aunque estés durmiendo.

Vuelvo a tocar el timbre. Ahora tres veces seguidas. Ring, ring, ring. Cuando ya me dispongo a irme, oigo una voz.

—¡Lárgate!

Menudo susto me ha dado. O sea, que sí hay alguien. ¡Mi señor de las palomas! A lo mejor lo he despertado. No era esa mi intención. Pero tengo que hablar con él.

—¿Hola?

—¡He dicho que te largues! —vuelve a bramar la voz—. ¡Largo de aquí!

Si ese es el señor de las palomas, está claro que no está de muy buen humor. Me agacho y levanto la pestaña del buzón de la puerta que, por cierto, está más pegajosa todavía que el timbre. El cartero seguro que se tiene que lavar las manos cada vez que entrega aquí una carta. Un gran inconveniente. Aunque a lo mejor nunca hay cartas para esta casa.

—Perdone usted si lo he despertado —digo a través de la ranura del buzón—. ¿Es usted el señor Raas?

Dentro de la casa se oye una ristra de palabrotas. Algo se cae al suelo. Más palabrotas. Pasos lentos. El señor de las palomas viene hacia mí.

A través del buzón veo que se abre la puerta del pasillo. Me llevo otro susto. En el vestíbulo aparece un calzoncillo, uno de esos blancos antiguos. El señor de las palomas no lleva pantalón. Se confirma que estaba metido en la cama.

Con mucho cuidado suelto la pestaña del buzón para que no se oiga el golpe al cerrar. Mi corazón palpita expectante como un gran tambor. Detrás de la puerta está mi salvador. En calzoncillos.

—¿¡Qué quieres!? —pregunta la voz en el mismo tono hostil.

La puerta permanece cerrada. Le pregunto si es el señor Raas.

—¡Contesta primero a mi pregunta! —me dice.

Ahora me está entrando miedo. Esa voz suena muy severa. Y este hombre está muy enfadado. Me entran ganas de darme la vuelta y salir corriendo. Pero ni puedo ni debo. Sin este señor jamás me sacaré el diploma.

—Vengo a preguntarle que por qué ya no sale usted nunca a sentarse en el banco de la plaza.

Hay un breve silencio.

—¡Vete al infierno! —brama de nuevo la voz.

—Ya no va usted nunca a darle de comer a las palomas.

Otro silencio. Esta vez más largo.

—¿Por qué ha dejado de hacerlo? —le pregunto.

Se hace raro hablar así, con una puerta cerrada de por medio. Y con un protector malhumorado y en calzoncillos como interlocutor.

—¡Métete en tus asuntos!

Ahora debería ser él quien responda primero a mi pregunta. Pero en vez de eso dice que soy un jovencito insolente.

—¿Pero qué te has creído? —se oye detrás de la puerta—. ¿Qué es eso de despertar a una persona mayor y encima ser tan descarado?

El señor de las palomas es un hombre con muy mala uva. A lo mejor tiene un mal día. O a lo mejor es siempre así. Pero yo necesito su ayuda.

—¡Tiene usted que ayudarme! ¡Usted siempre me ha ayudado!

—¡Tonterías!

—No, no es ninguna tontería. Es la verdad.

Le cuento lo de mis clases de natación. Mis miedos. El autobús. Le explico que los jueves pasamos por delante de la plaza y que siempre lo veo allí sentado, dándole de comer a las palomas. Le digo cuántas veces me ha salvado, aunque él no lo supiera, y lo mal que se me están dando las clases de natación últimamente. Lo terriblemente mal que va todo.

—Si no está usted en el banco no soy capaz de nada, me hundo en el agua, me ahogo.

De pronto noto que asoman lágrimas a mis ojos. Estoy llorando y no puedo hacer nada por evitarlo. Mis lágrimas caen sobre la acera, delante de aquella puerta cerrada. En el interior de la casa se ha hecho el silencio.

—¿Señor?

Silencio.

—¿Señor?

Continúa el silencio. Con mucho cuidado abro de nuevo la pestaña del buzón y miro hacia dentro. El vestíbulo, donde hace nada había un hombre en calzoncillos, ahora está vacío. El señor de las palomas se ha ido. Mientras le contaba mi historia se ha metido otra vez en la cama. Se habrá cansado de escuchar.

Llamo al timbre. Dos veces. Tres veces. Cuatro veces.

—¡Largo de aquí!

Cinco veces. Seis veces. Mantengo el timbre apretado.

El calzoncillo vuelve a aparecer de nuevo, a muy poca distancia de mí, pero con una puerta en medio.

—¡He dicho que te pierdas! ¡Venga, aire!

—¡Pero por qué no me escucha?

—¡Que te largues!

—¡Ayúdeme!

—¡LARGO!

El señor de las palomas ya no está enfadado. Ahora está furioso. Un jovencito insolente lo ha sacado de la cama, cuando él a lo mejor ya no quería volverse a levantar en su vida.

—Voy a contar hasta tres —dice la voz al otro lado de la puerta—. Si sigues ahí, llamo a la policía.

No sería bueno que mi madre tuviera que irme a buscar a la comisaría, porque bastante enfadada está ya conmigo.

Las farolas se encienden. Está empezando a oscurecer. Más vale que me vaya.

Al llegar a casa, mi madre me pregunta que dónde he estado tanto tiempo. Lo raro es que ya no está enfadada.

—Siéntate —me dice.

Hago lo que me dice. Ella se queda de pie y me observa durante un largo rato. Ya no está enfadada, pero sí muy seria.

—¿Me vas a prometer una cosa? —me pregunta.

Yo asiento con la cabeza.

—¿Quieres hacerme el favor de no volver a irte nunca más así como así? Y cuando digo nunca, quiero decir *nunca*.

Ahora me gustaría decir que no me he ido así como así. Que he estado bebiendo café y té y que casi acabo en comisaría. Pero no digo nada. Me limito a asentir de nuevo con la cabeza.

—Muy bien —dice mi madre—. Pues que así sea.

Ahora ella también se sienta en el sofá. A mi lado. Y me dice que tiene dos cosas que anunciar.

—¿Qué dos cosas?

—Una —contesta ella—, que he llamado a Dorina y que, si no quieres, no tienes que volver a ir a hablar con ella.

—Gracias, mamá.

—Y dos —continúa mi madre—, que he llamado al colegio, y luego a la piscina.

Esto casi no me lo creo. ¿Será verdad? ¿Habrá comprendido mi madre que es ella quien decide y quien manda sobre mí? ¿Ha hecho por fin algo para que no tenga que ir nunca más a clase de natación?

En mi cabeza suenan violines *in crescendo*. Violines de felicidad. ¡Se acabó para siempre la natación! Casi no me lo puedo creer.

—Les he dicho —continúa mi madre— que lo considero una forma de maltrato infantil.

Mi madre es la mejor. ¿Había dicho ya cuánto la quiero?

—Y me han dicho que en el fondo están de acuerdo conmigo.

Violines. Un tambor. Solo falta una flauta para que la fiesta sea completa.

—Y por eso hemos quedado en que...

¡Tengo la mejor madre del mundo!

—... el próximo jueves te ofrecerán una nueva

oportunidad y harás las pruebas del diploma B tú solo.

¿¡QUÉ HA DICHO!? Los violines emiten chirridos desafinados, las baquetas del tambor caen ruidosamente al suelo y la flauta más vale que siga sin sonar.

—¡Pero mamá! —exclamo—. ¡Yo no quiero hacer eso!

Mi madre me mira estupefacta.

—Vaya... Pensé que te gustaría tener una nueva oportunidad. No es justo que todo el mundo pueda hacer el examen menos tú.

Sí es justo. O tal vez no. Pero no quiero una nueva oportunidad. No quiero fracasar delante de todo el grupo. Delante de toda la piscina. Cuando quiera darme cuenta lo sabrá todo el colegio. Nos dicen que todos vamos en la misma barca, pero yo hace tiempo que me he caído. La fuerte corriente me arrastra y mi madre me señala una última ramita en la orilla a la que puedo agarrarme.

Pero ¿qué sentido tiene? Con un banco vacío y un protector que si por él fuera me mandaría a la comisaría, seguro que la rama se rompe. El agua me arrastra. Desde la barca se burlan de mí todos los chicos del colegio y todos los monitores de natación. Soy el hazmerreír de todo el mundo. Excepto mi madre, claro, que llora por su niño prodigio de dones excepcionales. Nadar no era lo suyo, pero había muchas otras cosas que se le daban bien. Pero ahora se lo lleva todo la corriente.

16

Al lado de mi madre hay alguien más que también llora. Es Simón, por supuesto. El llorica. Simpón está triste y llora por el *pringao*, porque la vida no es justa y porque las hojas de los árboles caen al suelo en otoño.

UNA ENORME SONRISA

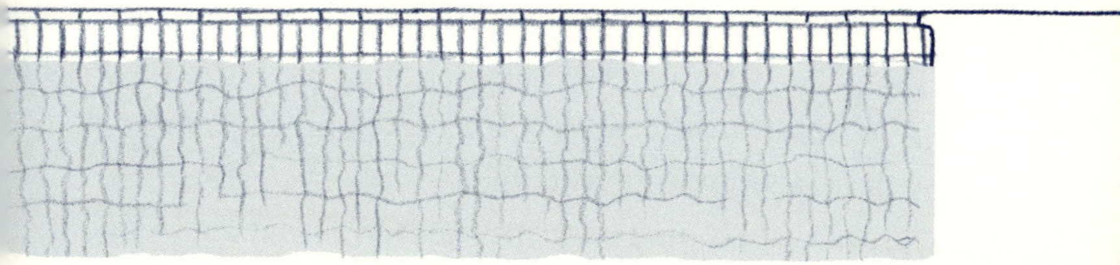

El jueves es el peor día de la semana. Los martes tengo clase de piano después del colegio y si no llevo la lección preparada también lo paso muy mal, pero nada que ver con el jueves. El jueves es tan horrible que a los niños de África les entraría dolor de estómago si me conocieran. Hoy voy a hacer las pruebas del diploma B yo solo y el mundo entero debería tener compasión de mí. Porque hoy es el día en que me voy a ahogar.

Estoy sentado en la cocina. Mi madre se acerca a mí con mi bañador rojo en la mano.

—¿Por qué no usas tu bañador nuevo? —me pregunta.

Yo me limito a encogerme de hombros.

—¿No nadas a gusto con él?

—Ese bañador no funciona.

—¿Qué quieres decir con eso?

—Pues eso.

Estoy comiendo una tostada con mermelada.

Tengo que prestar atención para que no se me caiga nada, porque una mancha de mermelada en el pantalón es una mala señal. Eso lo sabe todo el mundo.

—Hoy voy a pensar en ti —asegura mi madre.

—Siempre piensas en mí.

—Ya, pero hoy más todavía.

Ya está canturreando otra vez. Si no supiera que se pasa la vida canturreando —y que sus canturreos no significan nada—, me sentaría mal. ¿Cómo puede alguien ponerse a canturrear tranquilamente cuando solo faltan unas horas para que su hijo muera ahogado?

—Un beso —dice mi madre.

Estamos muy cerca del colegio, de modo que le doy un beso muy rápido.

—¿Te he dicho alguna vez lo mucho que te quiero? —me pregunta.

—No, mamá, no me lo has dicho nunca.

—Pues te quiero mucho, mucho, mucho.

—Vale.

—Estoy segura de que lo vas a conseguir —dice mientras saca mi bolsa de natación de las alforjas de su bici y me la entrega—. Y que sepas que voy a estar pensando en ti.

—Sí, ya me lo has dicho.

—Ah, sí. —Entonces me da otro beso (ahora uno de verdad)—. Mi príncipe.

A continuación me hace un guiño, se vuelve a subir a la bici y se va.

—¡Hola, Gid!

Me doy la vuelta y veo a Ineke. La profe. Ya no puedo hacer el truco de «se me ha olvidado la bolsa de natación», porque está viendo que la tengo en la mano.

—¿Hoy haces las pruebas del diploma B, verdad?

Yo asiento.

—Qué emocionante —dice Ineke—. Estoy segura de que lo vas a conseguir.

Entramos juntos en el edificio. ¿Cómo pueden estar tan seguras mi madre e Ineke de que lo voy a conseguir? Porque yo estoy seguro de lo contrario.

Hasta la hora del recreo no pienso más que en mi libreta de trucos. ¿Hay alguno que pueda salvarme hoy? El truco 19 sería una posibilidad. Consiste en irse del colegio y de casa y no volver nunca. Aunque tal vez debería guardar ese truco para un futuro. (Si es que hay un futuro).

El truco 64 es el de la alarma de incendios. Basta con romper la pequeña vitrina esa que hay en el pasillo para que salte la alarma. Alguien lo hizo una vez y nadie sabe quién fue, pero está claro que tuvo que ser Job. ¿Por qué no lo hago yo hoy, poco antes de que llegue el autobús? Todo el mundo tendría que salir corriendo al patio y nuestras bolsas de natación se quedarían dentro. A lo mejor funciona. Pero no me atrevo.

En el recreo jugamos al fútbol hasta que llega el autobús. Eso es lo que hacemos siempre. Pero los jueves yo nunca juego. Demasiado dolor de tripa.

A las diez y ocho minutos, el autobús de natación se para delante del patio del colegio. Ineke empieza a cantar y a dar palmas.

¡Natación, natación!
¡Ya está aquí el bus de natación!
¡Natación, natación!
¡Gid se va a ahogar hoy en la clase de natación!

Creo que hoy, por una vez, me voy a subir el último al autobús. Después de que los llamen tres veces se suben por fin todos los que se sientan al fondo. A continuación llego yo andando tranquilamente.

—Date prisa, Gid —dice Ineke.

Voy avanzando por el pasillo del autobús y... ¡lo que faltaba! ¿Cómo es posible? Durante un año entero nadie se ha sentado en mi sitio: quinta fila empezando desde atrás, lado izquierdo, asiento de la ventana. Pero hoy, qué casualidad, está ocupado. ¡Por Job! Como si ya supiera que hoy me voy a ahogar y que mi sitio va a quedar libre para siempre. Job está tan despatarrado que casi no quepo a su lado. Y no me queda más remedio que sentarme ahí, porque todos los demás sitios están ocupados.

Job no dice nada cuando me siento. Tampoco cuando arranca el autobús, lo cual ya es raro. Y no solo no dice nada, sino que tampoco se pone a cantar. Hoy viajamos en silencio absoluto. Nunca antes hubo un silencio tan grande en el autobús. Si no fuera por los ronquidos del motor, podría oír perfectamente desde mi sitio de qué pegatinas de tela están hablando en las primeras filas.

No me gusta el silencio. Las canciones de Job son siempre estúpidas, pero de alguna manera me ayudan a ahuyentar muchos pensamientos negativos. Con este silencio, sin embargo, los pensamientos negativos nadan con toda libertad por mi cabeza. Este silencio es la calma antes de la tormenta. (Como se suele decir).

¡Cloro! ¡Te vas a ahogar! ¡Agua en la nariz! ¡En los ojos! ¡En la boca! ¡Te vas a ahogar! ¡Un minuto haciendo la bicicleta! ¡Te vas a ahogar! ¡Siete metros buceando! ¡Te vas a ahogar!

Este es el silencio más ensordecedor de la historia. Casi me hace daño en los oídos.

El autobús gira a la derecha después del segundo semáforo. Dentro de un minuto y pocos segundos vamos a pasar por delante de la plaza.

¿Qué voy a hacer? ¿Debo mirar? No, para qué mirar. El señor de las palomas seguro que está en la cama. O dando vueltas en calzoncillos por la casa más fea del país y soltando palabrotas. Él ya nunca volverá a ayudarme.

Ya casi hemos llegado. Intento olvidarme del silencio, pero su presencia es más intensa que nunca. Poco antes de llegar a la plaza, el silencio llega a tal punto que ya ni siquiera oigo el autobús. La cháchara de las primeras filas parece haber cesado y el tráfico contiene el aliento. El mundo entero guarda silencio. Por compasión conmigo. Es un gesto muy bonito. (Así se dice en estos casos).

Ya estamos a la altura de la plaza. No voy a mirar. No voy a mirar. ¡No voy a mirar!

—¡Hooola!

Un grito procedente del exterior quiebra el silencio. Y curiosamente, es una voz que me suena.

—¡Hooola, Giiid!

Alguien más que no aguanta tanto silencio compasivo. Y otra voz también conocida. ¿O me equivoco?

A pesar de mis firmes propósitos de no mirar, no puedo aguantar más y miro. Y al mirar, no puedo creer lo que veo.

¡El banco!

No se ven palomas por ningún sitio y el señor Raas seguro que está roncando en su cama, pero mi banco no está vacío. Al contrario, ¡está muy concurrido! En el centro está Boele de Beer, a su derecha Mina Trespiés y a su izquierda la mujer más guapa del mundo con su niño en el regazo. O no, espera... Quien tiene al niño sentado encima es Boele. ¡Cuánta cordialidad! ¡Y todos me saludan!

—¡Hooola! —grita Boele de nuevo mostrándome un pulgar hacia arriba.

En mi rostro se dibuja una enorme risa. ¿Pueden verme desde allí? Devuelvo rápidamente el saludo y levanto el pulgar hacia arriba. Parezco un monitor de natación.

El autobús deja atrás la plaza y yo no puedo dejar de sonreír. Job me mira extrañado, pero no dice nada. A lo mejor está dándole vueltas a la letra para una canción guarra o pensando un nombre para un nuevo salto de trampolín.

Yo pienso en el examen de natación, en mi banco y en todos mis salvadores. Y me siento bien. Mi sonrisa se desborda y me echo a reír.

Y no paro de reír cuando bajamos del autobús.

Ni mientras nos ponemos el bañador.

Ya estamos junto a la piscina grande. Y yo me sigo riendo. Sin hacer ruido, pero riéndome de verdad.

—¿Estás listo? —me pregunta Chon.

Y yo sonrío. No hago más que sonreír. Creo que hoy ya no se me va a borrar de la cara en todo el día esta enorme sonrisa.

Gideon Samson (la Haya, 1985) recibió por *Niets zeggen!* (¡No digas nada!), su primer libro, el premio Vlag en Wimpel. Con *Ziek* (Enferma) fue el escritor más joven en recibir el premio literario holandés Zilveren Griffel (2010). Con *Zwarte Zvaan* (Cisne negro) ganó el Zilveren Griffel del 2013.

«Pocas veces aparece un autor joven de quien cabe esperar un nuevo impulso para la literatura juvenil, alguien de quien puedas pensar que dentro de treinta años seguirá escribiendo libros cada vez mejores. Gideon Samson es uno de esos talentos.»

Bas Maliepaard en *Trouw*

«¡Un libro genial! (...) Desde la primera página te sumerges en el mundo del protagonista y sus preocupaciones cotidianas, por lo que la historia resulta creíble desde el primer momento. ¡Más, Gideon, escribe más libros! ¡Rápido!»

Edward van de Vendel

Silke Lambeck / Karsten Teich

El señor Silvestre

120 páginas - 13,50 €
12,5 x 21 cm, cartoné
ISBN 978-84-92696-21-5

Desde que Mauricio se ha trasladado con sus padres y su pequeño hermano a una nueva ciudad todo son problemas. Hasta que un día conoce al señor Silvestre en la escalera de su casa. Ese señor amable, entrado en edad, de coleta gris, no es un vecino normal y corriente. Sabe hacer las mejores galletas de naranja, dónde se pueden cosechar paraguas en el parque y cómo hablar con elefantes; y también sabe cómo ayudar a Mauricio a deshacerse de unos compañeros de clase molestos.

Seleccionado para el 6.º premio Atrapallibres 2010

El regreso del señor Silvestre

154 páginas - 13,50 €
12,5 x 21 cm, cartoné
ISBN 978-84-92696-43-7

Mauricio espera ansioso el regreso del señor Silvestre para que le ayude a liberar a Pipa, la vendedora de helados del Suburbio Gris, secuestrada por un empresario sin escrúpulos.

¿Dónde està el señor Silvestre?

188 páginas - 13,50 €
12,5 x 21 cm, cartoné
ISBN 978-84-92696-70-3

A Mauricio y a sus inseparables amigos, Óscar y Lilí, les toca enfrentarse a las gamberradas de Esteban Carrasco y ayudar a Silvio, que pasa por una situación muy complicada desde que su padre perdió el trabajo.

Traducción del alemán: Clara Formosa

Sputnik

Bettina Obrecht / Sabine Kranz
Traducción del alemán:
Patric de San Pedro
142 páginas
12,5 x 21 cm, cartoné
ISBN: 978-84-92696-96-3

13,50 €

Cuando Sputnik aparece en el vecindario, nada vuelve a ser como antes. Lleva un impermeable azul y botas de agua de color rosa, aunque no llueva, y afirma que viene de otro planeta. Adrián se lo cree, pero su hermana mayor Ana y su amigo Karim saben de sobras que los extraterrestres no existen. ¿Quién es entonces Sputnik y dónde está su hogar?

Los encuentros de Adrián, Ana y Karim con Sputnik dan lugar a profundas y divertidas reflexiones sobre los extraterrestres y sobre la amistad, la solidaridad y la actitud ante el otro, ante el diferente, sea o no de este planeta. Una historia sobre la amistad, la familia y la fuerza de la fantasía.

Seleccionado para el 9.º premio Atrapallibres 2013

Seleccionado para la Lliga dels Llibres 2013-2014

«El libro es una invitación a descubrir que los niños, sin ser detectives, pueden tener vidas interesantes y que hay autores que saben narrar con mucha intensidad los sentimientos cotidianos para convertirlos en una aventura», *Club Kiriko.*

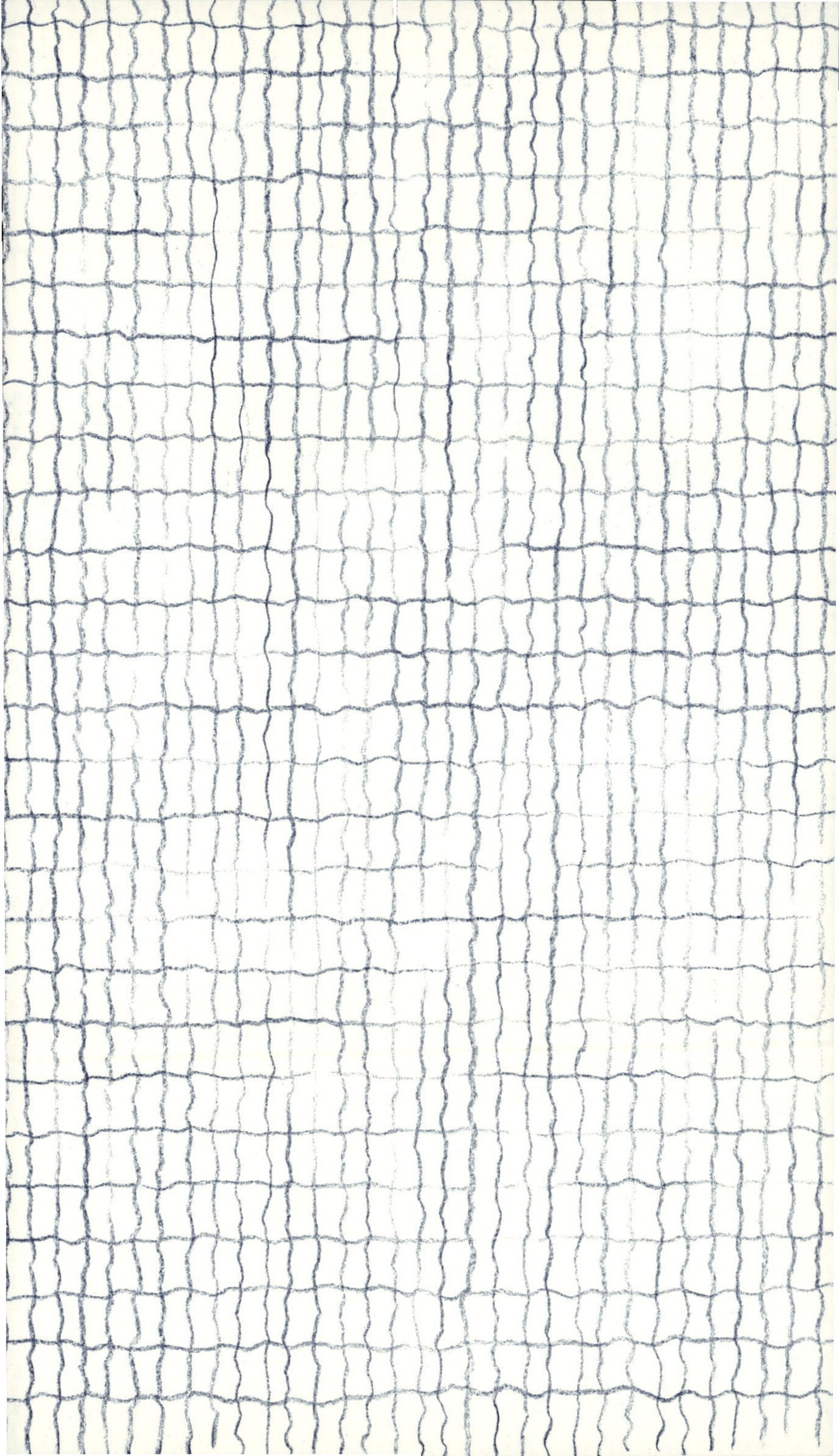

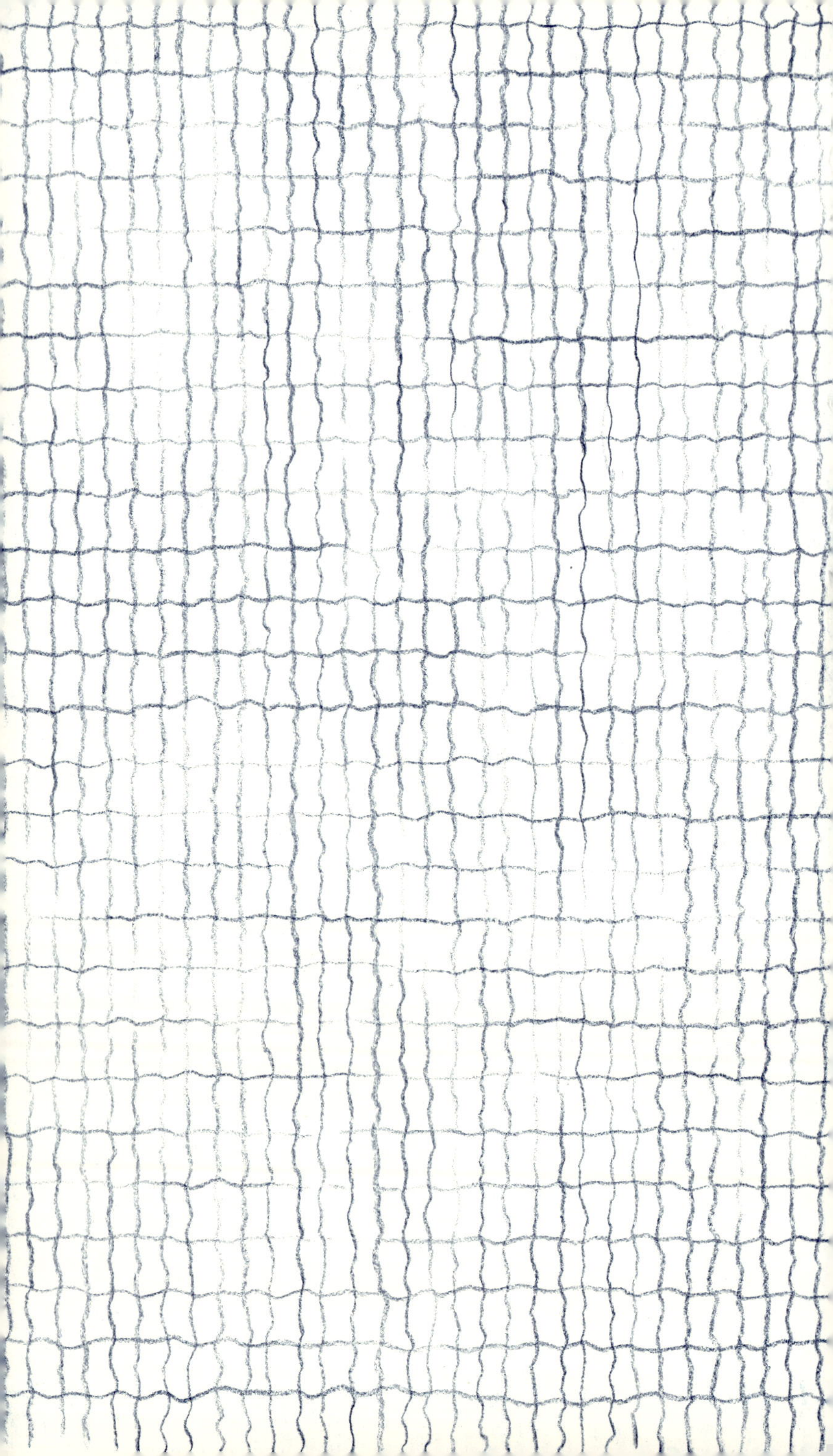